西藏自治区全国重点文物保护单位简述明镜

西藏自治区文物局　编

中国藏学出版社

图书在版编目(CIP)数据

西藏自治区全国重点文物保护单位简述明镜/西藏自治区文物局编 . —北京:中国藏学出版社,2015. 7
ISBN 978 -7 -80253 -819 -1

Ⅰ. ①西…　Ⅱ. ①西…　Ⅲ. ①名胜古迹—介绍—西藏②文化遗址—介绍—西藏　Ⅳ. ①K928. 707. 5②K878

中国版本图书馆 CIP 数据核字(2015)第 172513 号

西藏自治区全国重点文物保护单位简述明镜

西藏自治区文物局　编

*

中国藏学出版社出版发行
中国电影出版社印刷厂印刷
开本:787mm × 1092mm　1/16
印数:0001 -6000 册　印张:9. 5
2015 年 9 月第 1 版第 1 次印刷
ISBN 978 -7 -80253 -819 -1/K · 440
定价:28. 00 元

序　言

雪域大地出现人类后，逐渐形成了宗教、哲学、艺术等光辉灿烂的民族文化，与它们相伴生的胜迹、寺院、文物等内容之深邃，形式之丰富，在国内，甚至在世界上也是独一无二的。这是勤劳、聪明、朴实的藏族人民的智慧结晶。《西藏自治区全国重点文物保护单位简述明镜》一书，主要介绍了雪域高原新石器时代的古迹文物、具有历史意义的千年寺院、藏王墓、城堡、摩崖石刻、古今著名碉楼等，展现了藏民族与众不同的建筑工艺、传统文化和艺术，对研究西藏的社会、政治、经济、文化、历史、风俗等都具有重要的参考价值。该书主要从地理位置、修建年代、全国重点文物保护单位公布时间、创建者、占地面积、教派、僧尼人数、建筑布局、文物和修缮情况等十个方面，对自治区文物保护单位的文物形成、发展、主要内容和重大管理进行了较详实的介绍，并参阅相关史籍，讲述了文物保护单位的兴衰史。

我区的文物古迹，不仅是藏民族精神和物质两个文明的无价之宝，而且是中华民族文化宝库中不可或缺的组成部分，也是世界人类的瑰宝。根据党的民族、宗教政策，区文物局为了加强对历史悠久的优秀民族文物的保护，推动继承、发展、科学研究工作，重视

爱国主义和革命传统教育，由国家拨巨款，根据《中华人民共和国文物保护法》的有关“修旧如旧”和“保持原貌”的文物修复原则，对失修、破损的遗迹进行了修复。

通过编辑出版《西藏自治区全国重点文物保护单位简述明镜》，希望有关文物部门和广大读者，更加了解西藏的文物古迹，进而增强文物保护意识。由于编者水平有限，错误疏漏之处，敬请各方专家提出批评意见。

西藏自治区文物局局长

桑　布

2015年6月25日

目 录

第一批公布的全国重点文物保护单位

第二批公布的全国重点文物保护单位

第三批公布的全国重点文物保护单位

第四批公布的全国重点文物保护单位

第五批公布的全国重点文物保护单位

第六批公布的全国重点文物保护单位

第七批公布的全国重点文物保护单位

第一批公布的全国重点文物保护单位

布达拉宫

地理位置：矗立于拉萨市红山之上。布达拉宫是雪域大地上面积最大、最完整的古代文化艺术之重要遗迹，是体现勤劳智慧的藏族人民的聪明才智和优秀品德，以及创造智慧的古代建筑艺术的物证。

修建年代：公元635年

列入国家级重点文物保护单位的时间：1961年3月4日公布为全国重点文物保护单位；1994年12月17日被联合国教科文组织列入《世界文化遗产名录》。

教派：格鲁派

僧（尼）人数：78名

创建者：吐蕃赞普松赞干布

占地面积：约37万平方米

建筑面积：约14万平方米

建筑布局

布达拉宫是西藏历代文化遗产中的瑰宝，也是中华民族文化宝库的重要组成部分，在全世界享有盛誉。

她的发展历史凝聚了藏、汉民族，以及其他兄弟民族乃至周边国家民族共同的智慧和汗水，是祖先留给我们的珍贵文化遗产。

据史书记载，此处原有一座吐蕃第三十二代赞普松赞干布的祖先拉脱脱日年赞曾修行过的禅房，松赞干布在此基础上，逐渐加以扩建。红山所在地有三层围墙，内有九百九十九座宫殿，加上红山山顶的一座，共有一千座宫殿。每座宫殿上有红色的矛和飞幡，还有飞檐、女墙、响铃等。关于当时宫殿的形制，根据大昭寺内门南墙壁画和布达拉宫三层楼梯上面壁画的记载，可以清楚地了解到，松赞干布所建布达拉宫具有碉楼特点，雄伟壮观。后来在赞普芒松芒赞时期，即公元676年，宫殿的一部分被火烧毁。8世纪时，布达拉宫曾遭雷击。吐蕃末代赞普朗达玛去世后，其后代沃松和永丹之间发生纷争，布达拉宫遭到严重损坏。从藏历第一饶迥年开始，格西穷布扎斯、萨迦派历代上师、噶玛噶举历代活佛、至尊宗喀巴及甲曹杰等在此讲经说法。从此可以断定，此前，布达拉宫长期未得到修缮，只是一座神殿。17世纪中叶，即公元1642年，五世达赖喇嘛执掌西藏政教大权后，第司索朗群培根据达赖喇嘛的命令，从1645年开始，以原有建筑圣观音殿和法王修行洞为中心，在3年内重建白宫。建筑包括东寝宫噶丹囊塞、西寝宫索朗列吉和平措堆吉、甘丹央孜及西藏地方政府机关孜嘎、东大殿斯喜平措，还有朗赛根最等布达拉宫仓库和朗杰扎仓寺大殿及僧舍等。最初建立在哲蚌寺的甘丹颇章，此时也从哲蚌寺搬迁到布达拉宫。公元1690年开始，第司桑杰嘉措负责修建红宫及五世达赖喇嘛灵塔，用时四年。布达拉宫的外形结合了王宫和佛教寺院特点，里面布局符合佛教坛城设计。布达拉宫共有13层，其上部是达赖喇嘛的寝宫，有噶当琦瓦、俄擦尔其瓦、堆古琦瓦、德典琦瓦、平措贵巴、萨松朗杰等13间。此下方有药师佛殿、上师殿、响铜殿、时轮殿。此下方有斯喜平措大殿。其东是道次第师承殿，南边是持明殿，西边是赞林甘吉灵塔，北边是本生殿。

宫顶是金光闪闪的镀金汉式屋顶，还有祥麟法轮、柽柳女墙、牛毛幢、胜利幢、屋脊宝瓶、四角楼、日月图等装饰，非常美观。地基宽，形式多样的墙体、木工、雕刻、装饰等各方面都体现出藏民族与众不同的特点。整个建筑为土木结构，用料只有土石木三种，还有藏族特有的阿嘎土。墙体厚度从二米到五米，外墙墙基直接建筑在山体上，由合金溶液浇筑，非常坚固，具有抗震功能。后经历代达赖喇嘛的维修和扩建，形成了现在的规模。

文物

布达拉宫收藏了大量的珍贵文物，宫堡式的古建筑群，形成了具有独特文化内涵的艺术宫殿，不论其建筑布局与规模，还是其壁画与雕刻，或是珍藏的文物与典籍，无不反映出西藏建筑艺术和历史文化的最高成就。

布达拉宫主供像是松赞干布所依本尊、自然形成的檀香木观世音菩萨像。还有装藏有五世达赖喇嘛肉身的赞林甘吉（世界一庄严）灵塔等五世到十三世达赖喇嘛的灵塔。殿内供奉着几千年前从内地、印度、克什米尔、尼泊尔等地迎请来的响铜像、镀金铜像、泥塑像、银质像等数千尊造型独特的佛像，在吐蕃三位法王时期用珍宝熔炼修造的响铜像，雪手工局工匠修建、镶嵌各类珍宝的灵塔，数百尊响铜和镀金铜像，几千年前的贝叶经，数千函金银珍宝书写的佛经，以及数万卷藏印学者文集、明永乐年间的朱印本《甘珠尔》、古绸缎质地的佛像及法物。珍藏有元明清时期的瓷器。宫中还有面积3000多平方米的色彩斑斓和内容丰富的壁画，数万幅出自印藏画家之手的古老唐卡，乾隆皇帝唐卡画像、诏书以及工艺精美的印章、飞幡、金器、银器、供器等。在布达拉宫前面，有第司桑杰嘉措为纪念红宫竣工而立的素色石碑，赤松德赞为大臣达札·路恭所立功德碑，清朝时期七世达赖喇嘛坐床和驱除准噶尔所立的石碑，刻有清将军福康安驱逐廓尔喀侵略军事迹的黄房石碑等，历史悠久。藏有无数珍贵文物的布达拉宫，可以说是藏族人民历经千年，依靠智慧和勤劳建造的珍贵文物宝库。

修缮情况

历代达赖喇嘛都曾维修过灵塔和壁画，尤其是在十三世达赖喇嘛时期，公元1922年，修缮了红宫屋顶、柱上斗、牛毛幢、胜利幢、屋脊宝瓶、柽柳女墙、飞檐等，更换了圣观音殿、萨松朗杰寝宫、俄噶寝宫等殿堂的朽木并进行维修。对白宫东边的上下中各殿堂进行了彻底的修缮。

公元1961年，布达拉宫被国务院宣布为全国重点文物保护单位。之后，国家每年下拨一定的资金，对布达拉宫进行维修保护。1989~1994年间，国家下拨专项资金5300万元，对布达拉宫进行维修。1998年后又下拨专项资金9000万，对布达拉宫上下殿堂及雪附属建筑进行全面整治、维修，将住在布达拉宫山脚下的雪居民搬迁出去，对原西藏地方政府和尚存的历史著名人物的住所进行修复，使之成为展示珍贵文物的博物馆，对研究藏族古代风俗习惯及生活方式具有参考价值。另外，新建了上下水道，通电通水，道路两边修建土石围墙，路面铺垫石板，屋前屋后和道路两旁都种上花草、果树，绿草茵茵，五彩缤纷，使得雄伟壮观的布达拉宫显得更

加庄严迷人。

布达拉宫作为佛教信徒的著名朝圣地之一，每年接待成千上万的香客前来朝拜。近年来，随着西藏旅游事业的发展，祖国内地和世界各地的游客络绎不绝地来布宫观光游览。

大昭寺

地理位置：拉萨市城关区 八廓中央

修建年代：公元639年

列入国家级重点文物保护单位的时间：1961年3月4日被公布为全国重点文物保护单位；2003年被联合国教科文组织列入《世界文化遗产名录》。

教派：曾由不同教派管理，自五世达赖喇嘛开始由格鲁派管理。

僧（尼）人数：108名

创建者：松赞干布和尼泊尔赤尊公主

占地面积：13万平方米

建筑面积：2.4万平方米

建筑布局

总体为土石木及阿嘎土结构。主体高三层，四边加上角楼，为四层。有镀金汉式屋顶，还有祥麟法轮、柽柳女墙、栏杆、胜利

幢，金碧辉煌。以释迦牟尼佛殿为中心，共有20多间殿堂。四角雍仲形和立体坛城形体现了西藏传统苯教文化和佛教文化的有机结合，充分体现了藏民族与众不同的建筑艺术特点。

文　物

文成公主带来的释迦牟尼12岁等身像从小昭寺请到大昭寺后，成为大昭寺的主供像。还有松赞干布的本尊五位天成十一面观世音菩萨像，以及历史悠久的响铜、镀金和泥塑像数百尊；有金银和朱砂书写的佛经、色彩斑斓的壁画、唐卡、法物、供器等。公元823年，吐蕃赞普赤热巴巾和唐穆宗为了偃武修文，在长安、拉萨等地会盟立碑，拉萨唐蕃会盟碑保存于大昭寺前。

修缮情况

拉萨大昭寺与西藏其他神殿和寺院不同，是不同教派信徒顶礼、供养、祈祷的地方。公元1076年，阿里·桑嘎尔译师帕巴西绕维修了大昭寺的能仁岗钦措如来及八大菩萨像和弥勒佛像。公元1167年，达布·贡崔维修了大昭寺的围墙、转经堂、女墙等。另外，贡唐喇嘛祥、拉杰·格瓦崩、蔡巴万户长噶德白、珠古果喜瓦、堆·雅孜杰布、本钦·旺钦尊珠等曾新造大昭寺的镀金屋顶及佛像等，并为释迦牟尼12岁等身像献上了五方佛冠。公元1408年，宗喀巴大师更换了大昭寺庭院石板和通天金刚院的柱子等，为释迦牟尼佛像献上了镶嵌珍宝饰品的纯金天冠。公元1647年，五世达赖喇嘛新修和维修围廊壁画、四方镀金屋顶及屋脊宝瓶等。历代达赖喇嘛和摄政王对大昭寺不断进行大规模维修和扩建，形成了目前的规模。“文化大革命”时期，大昭寺除了释迦牟尼佛和松赞殿外，所有佛像、法物、法器和文物都遭到了不同程度的破坏。

公元1978年，政府拨款进行维修。“十一五”期间，国家拨款2880万元对大昭寺的诸殿堂进行维修，并修复壁画，使之重放光芒。

大昭寺主尊释迦牟尼佛像

古格王朝遗址

地理位置：阿里地区 札达县 扎布让村

修建年代：11世纪至17世纪。

列入国家级重点文物保护单位的时间：1961年3月4日。

占地面积：72万平方米

建筑布局

古格王朝遗址矗立在高50多米的山坡上，雄伟壮观，其建筑主要是石木结构，有100多座碉楼，大部分在战争中被毁，现存有王宫、大殿、红庙、白庙、度母殿。从山顶到山下有岩石隧道，还有背水隧道和大臣前去议事的隧道。古格王朝遗址是具有浓郁民族特色的重要古代建筑遗址。

文物

在古格王朝遗址中保存着11~15世纪间，由尼泊尔、克什米尔和西藏的艺术家留下的密乘续部众神像、佛教大师至尊阿底峡及大译师仁青桑布的像、身着阿里赞普后裔服饰的诸译师和身着民间服饰的舞者像，还有立体胜乐金刚坛城，以及历史悠久、色彩艳丽的壁画及塑像，价值连城。有些塑像稍有破损。

修缮情况

经过实地考察，发现15世纪左右对壁画进行过修复，1985年，国家拨专款，由拉萨古建队对部分破损处进行了修缮。“十一五”期间，该遗址被列入国家重点文物保护维修工程项目中，国家拨专款3000多万元，对古格王朝遗址进行了保护修复、破损遗迹加固和水渠维修。“十二五”期间，国家又拨专款2744万元，对古格王朝遗址进行了全面加固维修，对壁画和水渠等文物进行保护修缮，成为国内外游客参观旅游的重要景点。

甘丹寺

地理位置：坐落在拉萨东面达孜县境内旺古山上

修建年代：1409年

列入国家级重点文物保护单位的时间：1961年3月4日

教派：格鲁派

僧（尼）人数：380名

创始人：宗喀巴大师

占地面积：10.75万平方米

海拔： 4600米

建筑布局

1409年，宗喀巴大师根据诸多历代佛子的预示修建。此后逐步扩建成为23个康村。其中包括措勤大殿108根立柱，羊巴坚大殿72根立柱，以及夏孜扎仓、强孜扎仓、赤多康等。僧舍、公宅等屋顶金碧辉煌，宝幢、宝伞、宝瓶、边拜墙等富有藏族建筑风格，是藏族古代山上寺庙建筑的典型代表，具有很高的研究价值。

文 物

甘丹寺内有鎏金铜塑的宗喀巴灵塔、图旺次成玛，以及鎏金铜、青铜、泥塑等佛像。有唐卡以及强钦曲杰弟子供奉的丝绣唐卡。还有用金汁书写的《甘珠尔》《丹珠尔》和壁画等诸多文物。

修缮情况

装有宗喀巴大师舍利的灵塔由第五十代甘丹赤巴、甘丹寺住持根顿平措改造成纯金灵塔。“文革”期间，整个寺庙遭到很大破坏。1981年左右，群众自发组织，首先维修了宗喀巴大师的修行室和阿曲拉康等。之后国家投入了一定的资金，由西藏拉萨市城关区古建队全面维修了甘丹寺金顶、大经堂、灵塔殿、住持殿、夏孜扎仓、强孜扎仓等。在“十二五”期间，该寺被列入国家重点文物保护维修项目中，国家投入了2996万元资金，完成了给排水、电气线路和消防等配套设施的建设。

格鲁派创始人宗喀巴大师

扎什伦布寺

地理位置：日喀则市西侧

修建年代：公元1447年

列入国家级重点文物保护单位的时间：1961年3月4日

教派：格鲁派

僧（尼）人数：920名

创建者：一世达赖喇嘛根敦珠巴

占地面积：30余万平方米

建筑布局

最初，一世达赖喇嘛根敦珠巴修建了6根柱子的后殿、48根柱子的大经堂、12根柱子的弥勒殿、6根柱子的度母殿、2根柱子的依怙殿以及有回廊的佛殿。后来又新建了夏孜扎仓、吉康、兑桑林3个讲修佛法的扎仓和26个康村。1619年，四世班禅罗桑曲坚新建密宗

院久巴扎仓后共有4个扎仓。经过历代班禅喇嘛指导下不断维修和扩建，才形成了今天的规模。

文 物

寺内主要供奉释迦牟尼镀金佛像（四世班禅喇嘛为纪念其师喜饶僧格逝世而建）、银质灵塔（内有根敦珠巴的颅骨及骨灰）和响铜质宗喀巴佛像为主的几千尊佛像。还有弥勒佛镀金像（高约26米）、珍贵唐卡、绸缎、供品、梵文贝叶经、历代皇帝所赐封诰敕书、印玺，乾隆皇帝身着袈裟像，玉石器皿等诸多体现西藏与祖国内地友好关系的珍贵文物。

修缮情况

1478年，班禅桑布扎西修建了囊塔拉康（4根柱子）。1480年，班禅隆仁嘉措修建了乃久拉康（4根柱子）。1603年，四世班禅罗桑曲坚修建了响铜殿。1669年，五世班禅洛桑益西修建了拉章尼沃钦布（24根柱子）和仁钦拉康（4根柱子）。1739年，六世班禅班丹益西修建了释迦百行大殿（共36根柱子）。1816年，七世班禅丹贝尼玛修建了南杰颇章和尼沃公奇（共162根柱子）。1871年，八世班禅丹贝旺久修建了拉章康松斯南（4根柱子）。1914年，九世班禅曲吉尼玛修建了弥勒大殿（37层，30根柱子）、甘丹拉康、曲康夏、次久拉康。1988年，十世班禅确吉坚赞为五至九世班禅重新修建了一座镀金铜质合葬灵塔殿，取名叫“尊胜塔”（吉祥的天国，高4层）。十世班禅喇嘛圆寂之后，国家拨款为十世班禅喇嘛修建了金箔包裹的灵塔（高 4 层）。

“十一五”时期，该寺被列入国家重点文物保护维修工程项目中，共投资11053万元，主要用于维修文物建筑，保护修复壁画，消防、给排水、电气线路等配套工程。

扎什伦布寺主尊强巴佛像

萨迦寺

地理位置：日喀则市萨迦县城内

修建年代：北寺建于1073年，南寺建于1268年

列入国家级重点文物保护单位时间：1961年3月4日被公布为全国重点文物保护单位。

教派：萨迦派

僧（尼）人数：250余名

创建者：北寺由昆·贡觉杰布所建，南寺由八思巴所建。

占地面积：4.5万平方米

建筑布局

萨迦寺位于珠木河两岸，依据当地山、土的颜色而命名的。最初昆·贡觉杰布在查乌地方修建了一座小庙。

1073年，昆·贡觉杰布修建了规模较小的一座寺庙，坐落于温布山南侧山坡上，并住了一段时间。从此有了“萨迦郭布”的称呼。后经历代萨迦法王不断扩建，形成了百余座拉康的规模。“文革”时期，不幸全部被毁。

南寺正殿为1268年释迦桑布遵照八思巴旨意所建。其规模达40余根柱子之面积。南北宽84.4米，东西长79.8米，高24.3米。墙基宽3.5米。正殿南侧有普珠拉康，北侧有欧东仁增拉康，东北处有平措颇章的灵塔拉康、卓玛颇章的次久拉康藏经院，下层为仓库等。该寺为土木结构，极具早期西藏建筑风格。加盖金顶，增加了许多建筑物，从而形成了逶迤重叠、规模宏大的建筑群。用象征文殊菩萨的红色、象征观音菩萨的白色和象征金刚手菩萨的青色涂抹寺墙。在两道高大外墙及其涵洞的点缀下显得格外庄重。极具研究价值。

文 物

寺院内主供镀金铜质三世佛、本尊佛（八思巴供奉）、度母（阿底峡大师迎请）、萨迦五祖法王、各种灵塔，还有金、响铜、泥质佛像百尊、梵文贝叶经，元、明、清时期瓷器，珍贵唐卡、壁画（释迦牟尼传记画、坛城、佛陀、菩萨、昆氏世袭史画等），用金汁、银汁、朱砂和墨汁精工书写的上万部经卷。其中最大一部名为《八千颂铁环本》经书。这些经典是极为宝贵的文化遗产。

修缮情况

被称为西藏文化宝库的萨迦寺（南寺），历代昆氏法王曾多次修缮和扩建。特别是在1948年维修了正殿柱基、石阶、围墙等，至今保存完好。该寺作为国家重点文物保护单位，国家每年投入大量资金进行维修。2002年6月26日国家出资8570万元，主要对正殿、康巴扎夏、外墙、正门、文物图书馆等进行了大规模维修。

萨迦寺所藏白色法螺

昌珠寺

地理位置：山南地区乃东县昌珠乡境内

修建年代：7世纪中叶

列入国家级重点文物保护单位时间：1961年3月4日

教派：格鲁派

僧（尼）人数：30余名

创建者：赞普松赞干布

占地面积：4667平方米

建筑布局

昌珠寺是大昭寺建立之前所建17座佛堂中最早建立的佛堂。建寺之前，这里是一座湖，传说，湖里有一条五头怪龙，龙头像蛇，非常凶恶，后来被空中飞翔的一只大鹏用翅膀剪断其五个头，随之湖水干枯，才得以建寺。故有“昌珠”（藏语意为鹏与龙）之称。昌珠寺最初的规模很小，仅有四柱的内殿。后来不断扩建才形成了如今的规模。其主要建筑材料为石、土、木、阿嘎土等。具有鲜明的藏民族建筑特点。对研究吐蕃时期宗教、文化、民俗、建筑、石雕艺术等具有十分重要的价值。

文 物

昌珠寺主要供奉吐蕃赞普松赞干布从贡布日迎请来的石雕五佛，在山南贡嘎铸造的响铜八大随佛子、雅隆协查主尊佛莲花生大师塑像、“静息观音”珍珠唐卡、绣制唐卡释迦牟尼佛，以及金、铜、泥质佛像等诸多文物。据藏族史料记载：“内殿里曾供有密集妙吉祥金刚、大日如来、无量光佛、不动如来、宝生佛等佛像。”

修缮情况

公元1351年，乃东大司徒强久坚参对该寺原有的建筑大加修建，增添了较多的佛堂。及至五世达赖喇嘛时期曾对该寺作过较多修缮和扩建，新修大殿金顶、措勤大殿的门楼。据史书记载，七世达赖喇嘛、十三世达赖喇嘛、热振摄政均对该寺进行过修缮。“文革”时期，该寺亦遭受破坏，部分文物被毁。1991年国家投资进行修缮。“十二五”期间，该寺被列入国家重点文物保护维修工程项目中，共投资2883万元，主要用于文物建筑维修和消防配套工程。

昌珠寺所藏静息观音珍珠唐卡

琼结藏王墓

地理位置：山南地区琼结县南部

修建年代：公元650～842年

列入国家级重点文物保护单位时间：1961年3月4日

占地面积：305平方米

海拔：3760余米

墓葬分布

琼结藏王墓位于琼结河南岸。据藏族史料记载，琼结藏王墓共有21座墓地，分布于琼结敦卡达、穆日山麓、琼布三地。1985年，西藏自治区文管会考古队考察发现16座墓地。其中松赞干布和赤松德赞的墓葬规模最大。从外观形制来看，琼结藏王墓以方形居多。但是松赞干布之前，亦曾出现过圆形墓穴。现已确定墓主的墓葬有9座，它们是：松赞干布、赤德松赞、芒松芒赞、赤松德赞、赤祖德赞、赤德祖赞、都松芒布杰、牟尼赞普、朗达玛（敦煌文献记载为乌东丹）等的墓葬。

松赞干布墓封土顶部建有一座小寺庙。都松芒布杰墓修有围

墙。赤松德赞和赤祖德赞墓前各竖一通石碑。

文物

这些墓穴内有诸多珠宝和随葬品。据说，松赞干布墓大门朝西，墓内有五室。墓室内放置长达8米的珊瑚树和诸多珠宝。顶部的寺院内供松赞干布、文成公主、赤尊公主、大臣噶尔·东赞、吞弥·桑布扎等人的塑像，以及唐卡、法物等诸多珍贵文物。

修缮情况

琼结藏王墓中除了松赞干布墓和芒松芒赞墓以外，其他墓葬均在“平民暴动”时期被盗。发生民变9年以后的藏历火鸡年（公元877年），许布、聂氏等共同商议，把赞普陵墓分给各造反家族，并将其中的大多数掘毁。许布氏掘毁狮子型赤德祖赞之墓；聂氏掘毁囊日松赞之墓，使得大多数墓葬被毁。卓觉二氏未掘占有的松赞干布之墓。

“文革”时期，松赞干布墓封土顶部古寺被毁。1980年起，国家投资开始维修藏王墓，先后为松赞干布墓北面筑堤，修缮封土顶部小寺院以及修筑赤德松赞墓围墙。

“十二五”时期，列入国家重点文物保护维修工程项目中，共投资9919万余元，主要用于夯土保护、保护规划、改善基础设施、整治环境等工程。

江孜宗山抗英城堡遗址

地理位置：

位于日喀则市江孜县

修建年代：

公元1364年

列入国家级重点文物保护单位的时间：1961年3月4日

占地面积：12.08万平方米

建筑布局

山顶古代建筑。东西长360米，南北长80米，古时城堡面积有7066.98平方米，围墙长度有117.95米，宗山高度有120米，围墙外有孜基拉康、哲拉康、萨宁宗、哲布岗经堂、宗本住房和办公室、仓库、马圈等，围墙内有炮台。

文 物

这座城堡内陈列有抗英战争中所使用的炮、刀剑、矛、石头、棍棒、乌尔朵等武器，以及抗英战争中与英军英勇奋战的英雄的泥塑像和过去宗本办公场景泥塑像等。

修缮情况

据历史文献记载，朗达玛的后裔白郭赞在江孜宗山上建立宫殿。1364年，由萨迦内务大臣帕巴白桑建立多座堡垒，其中之一，在帕竹时期归属于十三座堡垒中。后来由江孜绕单贵桑帕对城堡遗址进行维修。17世纪末，颇拉米旺对阿、龙、加三人进行还击时将此作为根据地。西藏地方政府时期，江孜宗政府也建于此。1888年，在隆吐山上进行了抗英战役。1904年英军再次入侵时，守卫的藏军为了保卫祖国和家乡领土，在江孜宗山上与英军殊死搏斗后跳崖，献出了宝贵的生命。江孜宗山成了英军侵略西藏的历史铁证。为了修复完善抗击侵略者的遗址，国家投入了大量资金。1994年，纪念抗英战争九十周年之日，将其作为爱国主义教育基地。“十一五”期间，列入国家重点文物保护项目，国家拨款2060万元，维修了江孜县的才杰、理玛拉康、法王殿、炮台等遗址，安装了消防设施和监控器等。

第二批公布的全国重点文物保护单位

哲蚌寺

地理位置：拉萨市丹巴乡格培山麓

修建年代：公元1416年

列入国家级重点文物保护单位的时间：1982年

教派：格鲁派

僧（尼）人数：480名

创建者：强央曲吉·扎西班丹

占地面积：20万平方米

建筑布局

土石木结构，还有阿嘎土。最初修建洛塞林扎仓、果莽扎仓、杰巴扎仓、夏郭扎仓、堆瓦扎仓、德央扎仓、阿巴扎仓等7个扎仓（僧院），后来压缩为果莽扎仓、洛塞林扎仓、德央扎仓、阿巴扎仓等4个僧院。其中果莽扎仓有16个康村，洛塞林扎仓有21个康村。大殿、甘丹颇章、经堂、印经院、僧舍等众多建筑形成了巨大的建筑群，恢宏壮观。由汉式屋顶、祥麟法轮、胜利宝幢、屋顶宝瓶、飞幡、女墙等装扮，高三层的各僧院等建筑，充分体现了藏民族与众不同的古代建筑艺术特色。

文 物

主供像有镀金弥勒佛像、不动佛像、大威德像等响铜、药泥和镀金的上万尊佛像，还有金、银汁书写的《甘珠尔》《丹珠尔》、贝叶经，以及藏族译师、学者等先贤数万卷文集、唐卡、缎制佛像、旧绸缎法物、壁画等文物，非常珍贵。

修缮情况

在十年浩劫中，除了德央扎仓和哲蚌寺印经院外，其他建筑未遭受大破坏。2005年左右，国家拨专款，对大殿、甘丹颇章、洛塞林扎仓、果莽扎仓、阿巴扎仓等建筑有计划地进行了修复。“十一五”期间被列入全国重点文物保护单位后，国家拨专款6500万元，对寺院进行维修，同时修复了壁画。“十二五”期间，国家拨专款1602万元，配置消防设施，兴修了地下水道和电缆等。

哲蚌寺甘丹颇章壁画阿底峡大师像

色拉寺

地理位置：拉萨市北山脚下

修建年代：公元1419年

列入国家级重点文物保护单位时间：1982年

教派：格鲁派

僧（尼）人数：450名

创建者：强钦曲吉·释迦益西

占地面积：11.50万平方米

建筑布局

大慈法王释迦益西根据至尊宗喀巴大师的指示，由柳乌宗班久伦布提供条件，最初修建了经堂和内殿，之后依次修建了仲登扎仓、堆巴扎仓、加扎仓、麦巴扎仓等4个扎仓。后来压缩为麦扎仓和杰扎仓，其中杰扎仓有17个康村，麦扎仓有16个康村。大殿和扎仓都有镀金屋顶、祥麟法轮、胜利宝幢、屋顶宝瓶、女墙、飞檐等，建筑主要为石木结构，体现了藏族古代建筑特色。

文 物

主供比丘尼白玛的本尊像响铜观世音菩萨像、柳琼活佛修造的十六罗汉像、马头明王像、戒香能仁像、热译师本尊大威德金刚等镀金、响铜和药泥像数万尊，大明永乐年间开始刻写的《甘珠尔》等朱砂佛经数万卷。另外，还有唐卡、缎制佛像、旧绸缎法物、古老的壁画等。

修缮过程

第巴仁青蔡巴和次松、第司索朗绕丹等都曾进行过维修。18世纪时，拉藏汗新建大殿的同时，建立了阿巴扎仓，颇罗鼐·索朗多杰维修了杰扎仓僧舍。“文化大革命”期间，部分殿堂遭受破坏。

公元2005年左右，国家拨专款，对色拉寺大殿和扎仓等建筑进行了全面维修。“十一五”期间，国家拨专款4600万元，对寺院的文物进行了建设性保护和壁画修复。“十二五”期间，国家拨专款1600万元，维修寺院，并配置消防设施，兴修了地下水道，架设了电缆。

第三批公布的全国重点文物保护单位

罗布林卡

地理位置：拉萨市西郊

修建年代：公元1753年

列入国家级重点文物保护单位的时间：1988年被公布为全国重点文物保护单位；2003年被联合国教科文组织列入《世界文化遗产名录》。

创建者：七世达赖喇嘛格桑嘉措

占地面积：36万平方米

建筑布局

此处曾是草坪、温泉和树林。夏季，五世达赖喇嘛常来此处搭帐篷休闲娱乐。七世达赖喇嘛时期，修建了一层的吾尧颇章殿和二层楼的格桑颇章殿，有镀金宝幢、胜利宝幢、祥麟法轮、屋脊宝瓶等，建筑富有民族特色。殿堂周围有苹果、核桃、甜桃等果树和各类树木，郁郁葱葱，有平展茂盛的草坪，姹紫嫣红的花朵散发出阵阵芳香，给人以天上人间的感觉。

文 物

各殿堂里供奉有响铜、镀金和药泥的佛像，有古老的唐卡、旧绸缎法物、明清时期的瓷器、佛教贝叶经书，还有出自西藏著名画家之手的壁画。

修缮情况

八世达赖喇嘛时期，新建了湖心的颇章伦珠噶蔡和鲁康（龙王殿），湖西建了珠增颇章（观世音殿），还建了黄色围墙。公元1922年，十三世达赖喇嘛时期，新建和扩建了坚塞颇章、格桑德琦、其美巧琦，以及办公室和警卫兵营、围墙等。罗布林卡的格桑颇章和坚塞颇章从此成为噶厦夏季办公的地方。公元1947年，新建颇章康松斯努；1954年，创建了达旦米久颇章，形成了现在的规模。

公元1988年，罗布林卡被公布为全国重点文物保护单位后，政府每年拨专款进行维修。从公元1998年到2003年间，政府共拨专款8000多万元，对罗布林卡进行了全面维修。“十二五”期间，国家拨专款2299万元，修缮殿堂，修建文物馆和水渠等。

密宗修行所用颅器

夏鲁寺

地理位置：日喀则地区加措雄乡夏鲁村

修建年代：公元1003年

列入国家级重点文物保护单位的时间：1988年

教派：早期为萨迦派，后改为格鲁派

僧（尼）人数：80余名

创建者：基尊·西热迥乃

面积：3000余平方米

建筑布局

夏鲁寺是藏传佛教后弘期初期修建的一座古寺。吉尊·西热迥乃经请示洛敦·多吉旺久大师，从洛敦处得到距一箭之地修建一座经堂的许可后，把一支金箭和弓，呈现给洛敦大师，洛敦大师手持弓箭说道：上师大智者后，随之放箭。此箭正好射到了长满油菜青苗之地，故称夏鲁（青苗之意），箭为金箭，故得“夏鲁金殿”之名。

夏鲁寺主要由大殿、四座扎仓、僧舍等建筑单元组成。大殿及四座扎仓屋顶皆为汉式琉璃瓦顶。是一座典型的藏汉合璧建筑。对研究藏族早期建筑风格极具重要实物资料的价值。

文物

该寺内珍藏着从藏章拉康迎请的石雕观世音菩萨、布敦师徒、大日如来岗钦措、净瓶水、天生六字真言石、天生佛塔、时轮、镀金铜质释迦牟尼佛像、法器、法物、唐卡、纺织品，还有金、铜、泥、响铜质佛像几百尊、《大藏经》、布顿等高僧大德的论著、八思巴的文告、具克什米尔艺术风格的壁画等珍贵的历史文物。

修缮情况

夏鲁寺第三任堪布基玉多扎色桑贝修建外墙，大院内凿井。1314年，布顿·仁钦珠大师在夏鲁山洞修建了德钦曲吉颇章等殿堂。玉敦多吉贝开创了夏鲁寺的跳神活动。布顿大师亲手绘制四间谢业康、拉康、大殿、回廊、甘珠尔拉康等的壁画。并且修缮扩建了夏鲁山洞台觉林及四座扎仓。古尚扎巴坚参父子为弘扬佛业，出资修建了寺院的多处金顶。

“文革”时期，该寺遭受严重破坏，1980年左右起开始由群众自发修缮。1986年国家拨款54万余元，启动了全面修缮工程。

“十一五”时期，该寺被列入国家重点文物保护维修工程项目，共投资1012余万元，主要用于消防、饮水、供电等配套工程及筑堤工程。目前，该寺共有17座拉康，均开放接待国内外游客。

不动金刚刺绣唐卡

第四批公布的全国重点文物保护单位

昌都卡若遗址

地理位置：昌都市加卡区卡若村

修建年代：新石器时期

列入国家级重点文物保护单位时间：1996年

发掘时间：1978年

发掘部门：西藏自治区文物管理委员会

占地面积：1万平方米

海拔：3200米

建筑布局

卡若遗址位于距昌都镇东南约12公里处的卡若村帕多水泥厂厂

区。以村名命名了该遗址。该遗址是西藏境内首次发现的规模较大的石器时代遗址。房屋建筑大体可分为两种类型：第一类是木结构的草泥墙建筑；第二类为卵石墙建筑。房屋中央有石头砌成的炉灶、浅盘状炉灶（均用石板或烧砖围成灶池和用小石块在居住面上嵌成圆圈状的灶）。房屋外墙有一周柱洞。这些房屋建筑遗址分半地穴式和地面式建筑两种,多为方形。该区域地层为灰褐色土中夹杂着红石、红土层。

文 物

卡若遗址发掘共发现房屋遗址29座，石墙3段、圆石台2座、石围圈2座、灰坑4处，石器7978件、骨器368件、陶器200多件，装饰品50多件，其中完整的有46件。据专家考证，该遗址迄今已有4000～5000年历史。出土的石器有：铲、斧、锄、切割器、敲砸器、刻刮器、研磨器、犁钻、矛、箭头等生产工具。还有彩绘陶器、骨锥、骨针，以及玉、骨质耳环、珠、手镯等装饰品。

试掘情况

卡若遗址是1977年昌都水泥厂工人修建厂房时无意发现的。1978年，西藏自治区文物管理委员会对遗址进行了尝试性发掘。1979年，西藏自治区文物管理委员会邀请国家考古研究所和四川大学历史系、云南博物馆等有关部门，于同年5月份，对该遗址进行联合发掘。发掘面积达1800平方米，出土文物损毁较小，名类繁多，独具地域特色。该遗址具备西藏高原新石器时代文化遗址的全部特征，顺利进入了我国新石器时代文化遗址行列中。该遗址的发现证实了早在4000～5000年前藏族先民们便在这片高原上生息繁衍的史实。

“十二五”时期，被列入国家重点文物保护维修工程项目，共投资2928余万元，主要用于整治环境、考古发掘和改善基础设施等。

卡若遗址出土文物

桑耶寺

地理位置：山南地区扎囊县桑耶乡

修建年代：755年

列入国家级重点文物保护单位时间：1996年

教派：早期为宁玛派，现萨迦派和格鲁派共存

僧（尼）人数：约230名

创建者：赞普赤松德赞

占地面积：约2.6万平方米

建筑布局

据藏族历史文献记载，吐蕃赞普赤松德赞迎请寂护和莲花生两位大师，以古印度摩羯陀地方的欧丹达菩提寺（亦称飞行寺）为蓝本所修。中央修建了主殿三层乌孜大殿，四周建四大洲与八小洲；东面有南木达赤康林（清净律洲）、钦饶江白林（智慧文殊洲）、仓芒格茹林；南面有堆兑阿巴林（伏魔镇言洲）、阿雅巴洛林（圣观音菩萨洲）、译经院；西面有桑丹林（静虑洲）、多古强曲林（石像觉悟洲）、甘丹强巴林（慈氏兜率洲）；北面有那措仁钦林

（珠宝洲）、玛恰白玛林（无贪具莲洲）、贝哈布廓佐林（贝哈尔财库洲）、尼玛拉康（日殿）、达瓦拉康（月殿）。四方建有白、红、绿、黑四座佛塔。全部建筑又围上了一道椭圆形围墙。四面各有一大门。另外，赞普赤松德赞王妃没庐赤杰姆修建了格杰拉康（遍净天沙洲）；蔡邦妃美多卓修建了康松桑康林（三界铜殿）。所有建筑的基石形状方、圆突出，梁柱上雕刻的动物图案生动活泼。四座塔的塔身均为砖砌成，砖为土加粗沙烧制，质地坚硬，釉色苍郁而富光泽，极其精美。极具古代藏族建筑风格。

大殿分为三层，各层属不同的建筑风格。上层采用印度建筑风格，木质结构；底层采用藏族建筑风格，石头结构；中层采用汉族建筑风格，砖瓦结构。故取名为“桑耶楼松弥居伦珠祖拉康（桑耶三风格不变自然成就神殿）”。这对研究西藏南部吐蕃时期宗教、文化、建筑、艺术、历史极具重要文物价值。

文 物

该寺主要珍藏主供佛石雕释迦牟尼像（“文革”时期，佛头被毁，后用泥塑修缮。两侧供菩萨像和护法神像）、师君三尊像、大日如来佛、八大菩萨、欢喜佛像、夜叉齐瓦崩、绿松石质释迦牟尼像、寂护大师颅骨和手杖、罗刹面具、海螺雄狮，还有药泥、金铜、响铜质佛像几千尊，无量光佛铜像、唐卡、大量的吐蕃时期佛经写本、纺

织供品、壁画、悬挂在大殿正门上吐蕃时期的一口铜钟，以及立在正门南侧的吐蕃赞普赤松德赞时期的一座石碑等珍贵文物。

修缮情况

吐蕃分裂割据时期，桑耶寺曾遭受严重火灾。后来热译师和萨迦·贡噶宁波等对其进行了维修。据藏族史料记载：历代达赖喇嘛及第穆摄政王也曾进行了维修。“文革”时期，部分拉康受到严重破坏。1982年左右起，由当地群众自发进行了维修。1989年，国家投资几百万元，由古建筑施工队负责进行了修缮。

“十一五”时期，该寺被列入国家重点文物保护维修工程项目，共投资7700余万元，修缮整体建筑、整改周边环境后，才有了如今雄伟而庄严的桑耶寺。

白居寺

地理位置：日喀则市江孜县

修建年代：公元1418年

列入国家级重点文物保护单位时间：1996年

教派：萨迦派

僧（尼）人数：约80名

创建者：热丹贡桑帕和克珠杰

海拔：4010米

建筑布局

一、公元1420年奠基动工时修建了8根柱子的佛堂，48根柱子的围廊，建筑面积达2300平方米。1425年修建拉章颇章、寺庙四周大围墙，每边长280步弓。围墙上建有16座角楼，作为装饰。四周开有四个大门。外墙全长1440米，厚度为2～4米，高度为3多米，现仅存13座角楼。另外还有一座展佛台高度为30余米，宽度为十余米。

二、公元1427年，为十万佛像吉祥多门塔奠基，面积为62平方

米，高度为42.4米。塔有9层，形状奇特，整个塔包括108个门，77间佛殿。

三、坐落于白居寺北部依山而建的扎仓最初属于噶当派。该扎仓共有两层，主要由贡觉拉康、护法堂、经堂等组成。该扎仓是17个扎仓中规模相对较大之一，迄今保存完好。

白居寺在极盛时期有17个扎仓，分别是7个格鲁派扎仓、4个萨迦派扎仓、1个夏鲁派扎仓、4个密宗扎仓。是诸多教派共存的一座寺庙。

文 物

该寺珍藏的文物有：主供佛释迦牟尼铜像，十六罗汉、克什米尔班钦夏迦希日、祖孙三法王等几百尊泥、铜、金质像。还有金汁书写的《大藏经》、唐卡、密宗坛城壁画、热丹贡桑帕塑像、藏传佛教无派别创始人塑像及精美壁画等诸多珍贵文物。

修缮情况

自1985年起广大信教群众自发出资维修该寺。“十二五”期间，该寺被列入国家重点文物保护维修工程项目，共投资11560万元，主要用于维修文物建筑、保护修复壁画以及消防、给排水和电气线路等配套工程。

托林寺

地理位置：阿里地区札达县扎布让区托林乡

修建年代：公元996年

列入国家级重点文物保护单位时间：1996年

教派：早期为噶当派，后改为格鲁派

僧（尼）人数：8名

创建者：拉喇嘛益西沃

海拔：3800米

建筑布局

该寺由吐蕃赞普后裔拉喇嘛益西沃创建。“托林”一词的寓意为：拉喇嘛益西沃曾把自己的帽子抛向空中，帽子在空中久久飞翔，最终落下的地方便修建了该寺，故有了“托林”（空中飞翔之意）之称。最初修建了三层托林色吉拉康。大译师仁钦桑布与阿底峡大师曾在这里探讨交流过佛法。该拉康是大译师仁钦桑布修行佛

法的圣地，最终成佛后亦从该拉康飞向空中。随后修建了白殿、十八罗汉殿、嘛呢拉康、朗巴朗则拉康、图吉拉康、白居拉康、弥勒佛殿、僧舍、拉章、护法殿以及众多大小不一的佛塔等。具有浓重的古老建筑风格。在历史上曾几度遭受破坏，大部分拉康被毁，现仅存以下几座拉康。

一、朗巴朗则拉康是仿照密宗坛城形状修建的。其面积2594.75平方米（东西长53.5米，南北宽48.5米），外圈则由无量光佛殿、金刚勇识佛殿、仁钦迥乃佛殿等14座小殿组成。这组佛殿基本保留着吐蕃后期佛殿建筑风格的一些特征。现已被毁，仅剩下断墙残壁。

二、杜康即集会殿。位于朗巴朗则拉康东南方向，东西长25.5米，南北宽为19.6米，有方柱36根。门朝东。殿内绘有各类佛、菩萨、佛母、度母、金刚、拉喇嘛益西沃、 强久沃、希哇沃等的精美壁画。

三、白殿。位于杜康东北处。门朝南，殿内有42根柱。主要的文物曾遭受破坏，殿内壁画的艺术风格与古格王朝遗址的壁画基本一致。

四、色吉拉康最初有三层，“文革”时期遭受破坏，现仅剩一层。该拉康是大译师仁钦桑布春、秋季住处。现仅能看到金汁绘制的壁画、八尊泥塑、大译师的宝座等残存遗迹。

五、迦萨拉康，位于杜康西侧。“文革”时期遭破坏被毁。其中18座密宗拉康内的文物留存至今。该拉康附近有阿底峡曾经的住处及讲经场所。

六、位于托林寺西北处的83座佛塔大部分现已不存。据传说，83座佛塔之一的拉帕佛塔及墙上的佛塔内，各藏有大师仁钦桑布使用过的一粒佛珠。108座佛塔至今保存完好。

文物

杜康内主要供奉镀金铜造的三世诸佛、密宗坛城、响铜质观世音菩萨、强巴曲郭、白度母、大威德金刚等几百尊佛像。还珍藏着唐卡、绸缎、壁画等珍贵文物。

修缮情况

历代阿里古格王室维修和扩建了托林寺，才有了今天的规模。15世纪，古格阿旺扎巴任法台时改宗为格鲁派。之后江央仙第巴与第四世班禅洛桑曲坚分别前来讲经传法。17世纪，五世达赖喇嘛曾修缮该寺，从阿里25座寺院招50余僧人入该寺，并发放生活补贴。七世达赖喇嘛格桑嘉措将托林寺改为色拉寺色吉扎仓的下属分寺，并派遣赤钦阿旺曲旦任托林寺法台。此后从色拉寺每三年轮派法台及随从15名僧人成了定制。“文革”时期，该寺受到严重破坏。1984年，国家投资由拉萨古建筑施工队负责进行了维修。1998

年，迦萨拉康、色吉拉康的壁画及拉帕佛塔得到维修。“十二五”期间，该寺被列入国家重点文物保护维修工程项目中，共投资1004万元，主要用于维修文物建筑，保护修复壁画、消防、给排水、电气线路等配套工程及整治周边环境。

托林寺现存壁画

扎塘寺

地理位置：位于山南地区扎囊县

修建年代：1082年

列入国家级重点文物保护单位的年间：1996年

教派：格鲁派

僧（尼）人数：12名

创始人：扎巴恩协巴

占地面积：3576平方米

建筑布局

整个建筑形制为坛城形，有内、中、外三重围墙。主殿坐西朝东，高三层，底层有门廊、经堂、佛殿、密室等。其中经堂28根柱，多为八棱形柏木柱，柱头上的雕绘富丽堂皇，是一座以木石结构为主的古代建筑。

文物

主尊为释迦牟尼佛及其八位弟子、扎巴恩协巴和曲松祥伦的泥塑像。塑像周围绘满壁画，其中大部分为早期壁画，主要有释迦牟尼、各种菩萨和大成就者的像，这些壁画历史悠久，珍贵罕见，富有艺术特色并具有极高的研究价值。该寺还保存有《甘珠尔》《丹珠尔》，各种法器，金、铜、响铜质佛像几百尊唐卡、绸缎法物等丰富文物。

修缮情况

扎塘寺开始是希解派寺庙，萨迦派执政时期改为萨迦派。准噶尔骑兵进入西藏时曾遭到严重破坏。20世纪40年代，热振活佛摄政时期得到恢复，西藏地方政府对该寺进行了维修整治。民主改革时期，该经堂成了扎囊县粮库。1985年起，国家投入大量资金进行了全面维修。“十二五”期间，国家又投入了1551万元，用于维修寺庙、修复壁画、配置消防设施等。

扎塘寺现存释迦牟尼佛像壁画

第五批公布的全国重点文物保护单位

拉加日王府宫殿

地理位置：山南地区曲松县

修建年代：13～14世纪

列入国家级重点文物保护单位的年间：2001年

建筑面积：约5000平方米

占地面积：16万平方米

海拔：3800米

建筑布局

土坎上建起5层楼的古代建筑，宫殿周围有围墙，楼内有夏宫、佛龛、甘珠尔拉康、仓库、厨房、马圈等。

（一）王宫位于该建筑群北侧，建筑面积共约5000平方米，分为东楼和西楼两部分，之间底层以甬道式过洞相连。该建筑原为5层，现仅存3层，是王府成员生活及处理政务的主要场所。

（二）底层有酒窖及仓库等。第二层包括门廊、会议厅、办公地点“赤恰康”及礼会殿“充钦”等单元。第三层建筑中央为天井式亮棚，另有“申穷切姆”“嘎当颇章”等。该层建筑的特点是隔墙采用西藏所特有的牛粪制成的砖块砌筑的，外抹泥皮，以减轻楼层的承重。

修缮情况

据历史记载，拉加日的先祖为吐蕃王室后裔。1442年，他曾来到山南地区曲松县，在县城南侧建立“扎西群宗”宫和“加日寺”，由此该家族被称为“拉加日”。此后，拉加日成为西藏历史上一支独立的地方割据势力，并统辖拉加日、桑日、加查、隆子4个宗，庄园19个，畜牧点9个等。“文革”期间，该遗址遭受损毁。1998年，国家拨款开始维修破损的宫殿。

“十一五”期间，该遗址被列入全国重点文物保护维修工程项目。国家拨款2050余万元，用于保护维修王宫主体建筑，拆迁部分民居，清理非王宫原有设施，清运场地垃圾，修补卵石广场并加固山体边坡。

嵌有珠宝的鎏金古头盔

列山吐蕃墓葬群

地理位置：林芝地区朗县东嘎区卫孜金朵列山山麓

修建年代：吐蕃王朝时期

列入国家级重点文物保护单位时间：2001年

占地面积：70～80万平方米

墓葬分布

1982年，西藏自治区文物管理委员会考古队在山南地区文管会和林芝地区朗县县委协助下，首次发掘了该墓葬群。

壮观的古墓葬群分布在东、西两处。东区墓群约有165座墓穴，按封土形状可分5种类型：梯形、圆形、方形、方圆复合形、多角形。其中梯形封土墓最多，最大的封土高约11米，面积约为3000平方米。中型墓面积为800～2000平方米。高5～8米；小型墓面积约为50平方米，高150厘米以上。圆形墓规模较小且较散落。方形墓数量较少，集中分布在墓地南侧一角。面积仅有40余平方米，封土高2米左右，坐东朝西，自然有序。

西区墓地坐落于山坡的高处。距金东河有400米，故比东区高出200余米。面积为6000余平方米。共有21座墓穴。按封土形状可分3种类型：梯形、方形、塔形。小型方形墓集中分布在山坡西侧，自然有序。梯形墓分布于东、西两侧。两座塔形墓相向坐落于西区墓地中央。其形状和大小基本一致。面积均为8余平方米。墓葬主要采用典型的藏式建筑风格的夹石、夹木夯筑方法建造。方形封土墓分两层，封土下边的墓室为长方形的覆斗状竖穴土坑，坑内填满了砾石块、土和木料。用大石块堆砌成墓室的四壁，用石片和木柱构建拱形墓室顶部。墓室有门框、门槛、石阶等。葬具是长方形石棺，长1余米，宽0.55米，高0.45米，石板厚5厘米。从石棺的长度和大小，可以看出死者肢体被捆绑后下葬的痕迹。另外，石棺内发现零星的防腐木炭。

塔形墓墓室顶部的青石板上筑有阿嘎土，夯打层次分明，清晰可见。底部直径为2.25米，高1.20米，这类墓葬均无葬具。

文物

经比较发现，西区墓穴规模小于东区。西区最大墓穴面积为345平方米，高2余米。西区未发现圆形墓和多角形墓。东区未发现塔形墓。从这个现象可以看出，东、西区不属于同一时代的墓葬。

8号墓穴附近有三处碉楼、围墙遗址。其建筑形式与墓穴建筑形式完全一致，为此可以推断该遗址与墓葬属于同一时代。山坡上发现的石头堆砌的围栏与梯田等遗迹很有可能是吐蕃时期守墓人的住处及农田。

列山墓地最重要的遗迹还有位于墓地西北侧的石碑座，刻有莲花图案。其与桑耶寺兴佛盟誓碑的碑座完全一致。很有可能是列山墓碑的碑座。总之，碑座的发现对进一步考证列山古墓断代问题，提供了重要的实物依据。

修缮情况

列山古墓群是迄今西藏境内考古发现的遗址中，规模最大、墓葬数量最多的墓地。部分墓穴严重被毁。从部分墓穴上能看出被盗的痕迹。

一、列山古墓群的形状和规模与琼结藏王墓基本一致。多数墓葬的封土顶部下凹，周边残破不堪，皆为明显的人为盗掘痕迹。基本为同一时期被盗。列山古墓群同琼结藏王墓一样被盗于“平民暴动”之前。

二、列山古墓群共有近200座墓穴，经过几百年才形成了如此规模，绝不是很短的时间内形成的。从墓葬的形状、规模上可以看出，当时是专门为统治者修建的。

三、对列山古墓群的年代、墓主人之问题进行研究时，鉴于列山古墓群位于下达布的事实，可参考《敦煌古藏文文献》第四章所述：“赞普囊日松赞竟依米钦所请，授以征讨达布，抚绥编氓之将军之职。米钦乃克达布王，收抚达布全境。为赏米钦之功勋，乃将赛孔日乌垲之民众与牧户悉数赐予之”这段历史记载。

四、列山古墓群按封土形状可分为5种类型，而琼结藏王墓均属于一种类型即方形。另外，山南地区乃东县、曲松县、洛扎县等地发现的古墓均属于方形。《贤者喜宴》载：“为囊日松赞所筑陵墓是方形，所谓自始方形陵墓筑起。”从这段记述可知，吐蕃赞普囊日松赞之前吐蕃存在其他形状的墓穴。列山古墓群有别于琼结藏王墓，故极具独特的研究价值。该遗址同昌都卡若遗址一样对研究古代藏族社会、经济、文化、艺术、科学等领域具有重要的文物价值。

“十二五”时期，列入国家重点文物保护维修工程项目中，共投资2411余万元，主要用于考古研究、夯土保护、保护规划、基础设施改善、环境整治等。

吉堆吐蕃墓葬群及门当、德乌琼摩崖石刻

地理位置：山南地区洛扎县德乌琼村右侧石崖和门当河与洛扎怒曲河交汇的崖壁

修建年代：8世纪

列入国家级重点文物保护单位的时间：2001年

石刻简介

洛扎门当、德乌琼两处石刻文字均属于吐蕃时期文字厘定前的古藏文，为此可以断定其实属吐蕃时期的杰作。石刻碑铭约有150个，漫漶的文字占18个。碑文的主要内容：天神之子赞普驾前，德乌琼忠贞不二，为利赞普之身与政，呕心沥血，业绩卓著。为此诏敕曰：德乌琼之子孙后代，其权势犹如“雍仲万字”般永固。

吉堆吐蕃墓地共有48座墓葬。这很有可能是门当、德乌琼家族墓地。理由如下：一、吐蕃时期该区域内唯独有德乌琼曾任吐蕃大相一职。二、吉堆墓地夹在两处摩崖石刻之间，且两处摩崖石刻均与德乌琼家族有关。

总而言之，这些吐蕃时期的文化遗产对研究吐蕃时期政治、经济、文化、石雕工艺等方面极具重要的实物资料价值。

修缮情况

“十二五”时期，被列入国家重点文物保护维修工程项目，共投资1182余万元，主要用于考古研究、夯土保护工程、墓地保护规划、保护设施改善及基础设施等。

卡若遗址出土瓦器

小昭寺

地理位置：拉萨市城关区，小昭寺居委会

修建年代：公元639年

列入国家级重点文物保护单位的时间：2001年

教派：格鲁派

僧尼人数：108名僧人

创建者：松赞干布和文成公主

占地面积：4000平方米

建筑布局

寺院初建时，由文成公主从唐朝带来的工匠按照汉地风格修建，其屋顶斑斓如虎，故名“甲大惹摩且”（汉译小昭寺）。整体建筑为土木石结构，四层高。有镀金汉式屋顶、女墙、胜利宝幢、飞檐等。其砖瓦屋顶及整体特点，体现了汉藏两个民族与众不同的智慧和艺术特色。目前，格鲁派上密院也在小昭寺内。

文 物

寺内主供尼泊尔赤尊公主带来的不动金刚释迦牟尼8岁佛像和密集、胜乐、大威德三金刚像，以及响铜像、镀金像、泥塑像等一百多尊佛像。还有佛经和文集，五世达赖喇嘛安排绘制的《释迦百行传·如意藤》壁画、古绸缎法物、天地为古绸缎的唐卡、法器等。

修缮情况

与大昭寺一样曾进行过维修。在五世达赖喇嘛时期，对小昭寺的《释迦百行传·如意藤》壁画进行了修复。“文化大革命”时期，佛像和文物都遭受巨大损坏。1984年，政府拨款，对不动金刚佛像进行修复，并对小昭寺整体进行了修缮。“十二五”期间，被列入国家重点文物保护单位维修工程项目，国家拨款489万元，配置消防器材，修建地下水道和电缆。

小昭寺主尊释迦牟尼佛像

大唐天竺使出铭

地理位置：日喀则市吉隆县宗嘎镇阿瓦加瓦山

修建年代：公元658年

列入国家级重点文物保护单位的时间：2001年

雕刻人：唐朝使者王玄策

海拔：4200米

石刻简介

唐朝使者王玄策从长安出发，途经吉隆进入天竺时，在吉隆阿瓦加瓦山崖上，刻写了《大唐天竺使出铭》一文，约有300字，距地面高度8米，崖壁面宽1.5米，高4米，每行长1米，字体高度90厘米，现存24行，字体为楷书，标题比正文略大，刻写方式为从右到左竖写。石刻刻于唐显庆三年（658年），距今已有1400多年的历史。

摩崖石刻内容：658年，王玄策和刘仁楷两位使者应诏，率6个弟子从长安出发进入天竺访问。途中克服路途遥远、风吹日晒等重重困难，终于抵达吉隆。他们发现此处风景秀丽、地形开阔、雪山环绕、流水潺潺、富足十善，令人流连忘返。于是，他们把这些感想刻在了岩石上。

修缮情况

唐玄宗时期，王玄策曾两次出使天竺。该摩崖石刻是公元658年他第二次去天竺时留下来的文字，对研究摩崖石刻具有很高的价值。1992年，《西藏日报》上发表了名为《西藏发现大唐天竺使出铭》一文，引起海内外学术界的很大反响。2001年6月24日，国务院正式宣布该摩崖石刻为全国重点文物保护单位，拨款300万元，在摩崖石刻周围建立围墙，并进行了修缮工作。“十一五”期间，被列入国家重点文物保护单位项目，国家投入119万元，对主体摩崖石刻进行维修，改善水渠和周围环境。

藏文青花高足碗

吉隆曲德寺

地理位置：日喀则市吉隆县宗嘎镇

修建年代：公元1270年

列入国家级重点文物保护单位的时间：2001年

教派：格鲁派

僧（尼）人数：60余名僧人

创建者：贡塘赞普赤崩德衮

海拔：4160米

建筑布局

曲德寺坐落于贡塘王宫扎西琼宗遗址前面，卓玛拉康北侧。1270年，贡塘赞普赤崩德衮召集十三区庶民修建了三层经殿（面积60根柱子）、后殿（面积36根柱）、回廊（面积36根柱子）、东霞拉康、修行洞、宫殿、乌孜拉康、僧舍等。这座别具一格的古老寺院现已损坏严重，仅存残垣断壁。但是，至今留存有一些壁画和石雕柱基石。还有部分梁柱上雕饰的具有克什米尔和尼泊尔艺术

风格的精美图案。如孔雀、雄狮、龙、大鹏鸟等动物图案。

文 物

从前该寺内藏有珠宝镶嵌的扎西郭莽佛塔、印度大师陈那的颅骨、龙树的著作、《般若八千颂》金汁写本、莲花生大师塑像、贝若扎那的手杖、空行母益西措杰饰件。镀金铜质释迦牟尼佛像和大日如来佛像、玛尔巴译师塑像、米拉日巴塑像、塔布拉吉塑像、石雕和木雕佛像、壁画等诸多珍贵文物。

修缮情况

历代贡塘赞普执政600余年间，曾几度维修过该寺院。1421年，大活佛曲白桑布传承萨迦派。1652年由色拉寺色其扎仓委派堪布管理该寺，从此该寺改宗格鲁派，并取名为“阿里曲宗甘丹培觉林寺”。18世纪廓尔喀入侵西藏时，曾遭受严重破坏。“文革”时期寺院内外亦遭受严重破坏，仅存残垣断壁。1988年左右，在该寺旧址前面新建寺院。

“十二五”期间，该寺被列入国家重点文物保护维修工程项目，共投资1419万元，主要用于文物考察，建筑维修，壁画保护修复，消防、给排水和电气线路等配套工程及周边环境整治工程。

吉隆卓玛拉康

地理位置：日喀则地区吉隆县宗嘎镇

修建年代：公元1270年

列入国家级重点文物保护单位的时间：2001年

教派：格鲁派

僧（尼）人数：8名

创建者：贡塘赞普·赤崩德衮

海拔：4160米

建筑布局

该拉康主要由门庭、中庭、后殿（面积为200余平方米）3部分组成。其主要建筑材料为土坯和石头，极具独特的古老建筑风格。殿内梁柱上雕刻了造型多样的精美动物图案，如飞鸟、大象、狮子、龙等。这对研究吐蕃分裂割据时期的文化、艺术、民俗等方面具有十分重要的价值。

文 物

该寺珍藏着主供佛观世音菩萨、镀金铜质三世诸佛以及诸多金、铜、泥质佛像。传说：赤扎西德赞普时期，为其父亲的过世而铸造了一尊释迦牟尼佛像，为其母亲的过世而铸造了一尊镶嵌珠宝的度母佛像。该寺还收藏着《大藏经》、精美壁画、一口古井、一口石条凿就的大水缸等珍贵文物。

修缮情况

卓玛拉康在贡塘赤扎西德赞普时期，曾进行了维修和扩建。该拉康与曲德寺统称为“上下曲德”，历代贡塘赞普对该拉康进行过维修和扩建。过去的岁月中，该拉康的绝大部分壁画遭到了严重破坏。“十二五”期间，该拉康被列入国家重点文物保护维修工程项目中，进行了维修和保护。

科迦寺

地理位置：阿里地区普兰县科迦乡科迦村

修建年代：11世纪

列入国家级重点文物保护单位的时间：2001年

教派：早期为噶当派，后改宗为俄巴派（萨迦派分支）

僧（尼）人数：8名

创建者：吐蕃赞普后裔阿达拉德

海拔：3800米

建筑布局

传说11世纪时期，吉德尼玛衮之孙普兰王拉德西用马车往王宫运送一尊银质文殊菩萨像，途中马车为巨石阿莫梨格所阻，无法继续前行。忽然听到文殊菩萨开金口道："吾依附于此地，扎根于此。"故得此"科迦"（意即定居）名称。

主殿为两层，内有释迦殿（10根柱）、坛城式大拉康（40根柱）、益兴伦珠拉康（8根柱）。主殿南侧为十方诸佛殿，西侧为弥勒佛殿，北侧为第七佛殿及护法神殿。上层为丹珠尔殿。殿内藏有精美珍贵的壁画，殿顶有金碧辉煌的金顶及柽柳女墙，使整个殿堂显得外观和谐，气势庄严。该寺从最初的小型寺院经屡次扩建而成了今天的规模。

文 物

该寺内供奉有主供佛银质文殊菩萨像（普兰王拉德所修）、银质观世音菩萨像、银质金刚手菩萨像（普兰王囊贡德与王妃曲奔杰姆所修）等三尊佛像。右侧为释迦三尊、八大近侍、俄钦贡噶桑布塑像、俄巴派道果释塑像。左侧为响铜质度母像、大译师仁钦桑布像、萨迦班智达像等。寺内藏有金、铜、响铜、泥质等几百尊佛像、精美唐卡、纺织品、巨石阿莫梨格、各种流派的壁画、佛塔、吐蕃时期佛经写本、《大藏经》等珍贵文物。

修缮情况

普兰王囊贡德、赤扎西欧珠、赤扎西杰布等执政时期，曾分别对该寺进行修缮扩建，并供奉诸多佛像。

15世纪，扎西德为防止洪水危害，动员信众修建了防洪堤坝，开了筑堤之先河。之后，阿贡桑布法王对寺院三宝进行修缮。15世纪，藏聂海茹嘎和朵康活佛罗桑曲吉尼玛亦对该寺进行过修缮。后因尼泊尔“洛国王”侵占该寺并改宗为萨迦俄派延续至今。“文革”时期，该寺遭受严重破坏。1982年起，国家先后投入资金维修了该寺。

“十一五”时期，该寺被列入国家重点文物保护维修工程项目，共投资984万元，主要用于文物建筑维修，壁画保护修复及消防、给排水等配套工程。

“十二五”时期，又被列入国家重点文物保护维修工程项目中，共投资340余万元，主要用于消防、给排水、电气线路等配套工程及周边环境整治工程。

科迦寺主尊银质三怙主立像

色喀古托寺

地理位置：山南地区洛扎县境内

修建年代：1077～1084年

列入国家级重点文物保护单位的时间：2001年

教派：噶举派

僧（尼）人数：18名

创始人：米拉日巴大师

占地面积：5462平方米

海拔：4000米

建筑布局

主体建筑高9层，金顶金碧辉煌，具有古建筑风格特点。米拉日巴大师应上师嘱托，从1078年开始修建。他克服重重困难，独自一人完成了包括收集建筑材料、修建房屋等在内的所有建筑工序。共修建了7层楼，顶部有寝室和阳台。之后由修行大师曲旺伦珠在原有的基础上扩建为9层，高24.52米，宽6.47米。该寺是山南地区古代寺庙建筑的代表，具有很高的研究价值。

文物

寺内有药泥塑造的金刚持、迪洛巴、那若巴、玛尔巴译师、莲花生大师等的塑像。还有用鎏金铜质的释迦牟尼佛像、玛尔巴译师佩戴的绿松石、金刚、大理石供灯、龙堆上师的擦擦模具、米拉道歌的7幅唐卡、噶当派青铜佛塔等100多件文物，还有用玛尔巴鼻血画成的藏戏唐卡、《甘珠尔》《丹珠尔》、手写经、壁画等珍贵文物。

修缮情况

帕竹时期，巴俄·祖拉陈瓦更换了色喀古托寺的金顶，并进行了全面修缮。1984年，重修了以释迦牟尼佛像为主的部分佛像。1985年，第一次由国家投入资金，对该寺进行了重新维修。2008年，国家投入1298万元资金，又对色喀古托寺进行了全面维修。“十二五”期间，该寺被列入国家重点文物保护单位后，国家先后投入2506万元、582万元资金全面维修了寺庙，配置了水、电、消防等设施，治理了寺庙周边环境，这座古老的寺庙又焕发出了新的光彩。

朗赛林庄园

地理位置：山南地区扎囊县

修建年代：14世纪

列入国家级重点文物保护单位的时间：2001年

庄园创始人：多吉白

占地面积：5000平方米

建筑布局

建筑结构为土木石和阿嘎土，是一座独具西藏古代建筑风格的庄园。有设计精美的住房、佛龛、庙宇、厨房等诸多房屋。地基宽4.5米，墙面宽2米，外墙高度有10米，内墙是正方形，比外墙相对低矮。内外墙的中间有城堡式的房屋，其高度22米，石墙地基7米，上面由土砖筑成，其宽度1.40米。建筑形式可与萨迦寺大经堂媲美，是设计精湛的庄园之一。

修缮情况

朗赛林庄园是旧西藏大户人家的住宅。“文革”期间成为朗赛林乡的粮库，遭到很大破坏。2001年，被列入国家重点保护单位后，国家投入一定的资金，恢复了往日的面貌。“十二五”期间，被列入国家重点文物保护项目，国家出资1445万元，对朗赛林庄园的文物、建筑、环境，进行了全面的修复整治。

金质茶具

吉如拉康

地理位置：山南地区乃东县温区格桑乡吉如村

修建年代：公元704年

列入国家级重点文物保护单位的时间：2001年

教派：早期为宁玛派，后改为格鲁派

僧（尼）人数：4名僧人

创建者：吐蕃赞普赤德祖赞（704～755）

占地面积：982余平方米

建筑布局

吉如拉康坐西朝东，寺院主要由大日如来佛殿、释迦佛殿、噶当曲阔拉康、大经堂、转经回廊、僧舍等建筑组成。

大经堂室内长6.82米，宽8.26米，有4根柱，柱拱及柱体雕饰龙、雄狮、虎等动物图案，繁密华丽。大日如来佛殿长6.76米，宽4.5米。噶当拉康长3余米，宽2.6米，规模较小。据说，该拉康内曾住过阿底峡大师。释迦佛殿长7.64米，宽8.8米。

该寺建筑分属5个时期：

第一期建筑为大日如来佛殿，是吐蕃赞普赤德祖赞所建第一座佛殿。后来维修时对原来的建筑结构略有损毁。

第二期建筑为释迦佛殿，时为8世纪中叶，现在的寺庙正是在此基础上扩建而成的。

第三期建筑为噶当拉康，时为11世纪，是阿底峡大师传教时借住的地方。

第四期建筑为释迦佛堂前的大经堂及两侧的转经回廊、僧舍，时为16～17世纪。

第五期建筑为1957年进行扩建后形成的小建筑群。

扎玛吉如拉康规模不大，但留下的建筑、雕刻、泥塑、壁画等相当丰富，为研究西藏历史、宗教和艺术提供了极其重要的实物资料。

文物

该寺内藏有主尊药泥塑像释迦牟尼佛、八大近侍、二力士及施主王和王妃、阿底峡大师塑像、仲敦巴塑像，诸多金铜质佛像、吐蕃时期手抄经卷、唐卡、法物、壁画（上面绘有释迦牟尼、莲花生大师、多扎仁增钦莫、护法神等佛像）等珍贵文物。

修缮情况

扎玛吉如拉康同西藏其他寺院一样历史上曾遭受破坏。亦进行过扩建、改建。1982年左右起，相继由当地政府和国家投入资金进行了维修。

吉如拉康主尊释迦牟尼佛像

第六批公布的全国重点文物保护单位

吾坚敏珠林寺

地理位置：山南地区扎囊县扎齐乡

修建年代：公元1646年

列入国家级重点文物保护单位的时间：2006年

教派：宁玛派

僧（尼）人数：60余名

创建者：德达林巴·仁增久美多吉

占地面积：10万余平方米

建筑布局

祖拉康佛殿，高三层。底层为大经堂，内有20根方柱。进深6

间，分别是：赤藏拉康（后殿之意，4根柱）、杜康（大殿，20根柱）、门庭（6根柱）、供品储藏室（4根柱）、护法神殿（4根柱）、仓库（6根柱）共84根柱之面积的寺院屋顶用金光闪烁的金顶装饰。佛殿前面平铺的石板宽阔。石板东侧有两层僧舍，一、二层共16根柱，有百余间僧舍。拉章曲郭伦布，高三层，面积有50余根柱。前面有天井，四周有拉旺嘎彩、桑珠林、扎西热丹等小拉康。屋顶为金顶，经幢加以修饰，显得格外耀眼。

文 物

该寺珍藏的文物有：主供佛释迦牟尼佛、八近侍、八十大成就者之一（高度相当于普通人身高），金、铜、响铜质佛像几百尊、唐卡、绸缎法物，门庭南墙壁画的主要内容为该寺志，其中北侧部分由五世达赖喇嘛书写完成，南侧上部由德达岭巴大师书写完成，下部由大译师书写完成。由于年代久远，部分字体模糊不清。还有8座银质佛塔等珍贵文物。

修缮情况

10世纪末，此处建有鲁美崔陈益西的寺庙——塔巴林寺。五世达赖喇嘛把塔巴林寺的主权交给德达岭巴大师后，在原有规模的基础上修建了敏珠林寺。1717年，准噶尔入侵西藏时，除密宗颇章外，其余均被毁。随后，七世达赖喇嘛格桑嘉措，摄政王，德达岭巴大师之子仁钦南杰、女儿米久白珍等相继修缮了该寺。继续传承和弘扬原有宁玛密乘，以及向广大僧俗教授文法、藏医、天文历算的优良传统。民主改革后，该寺大殿用作乡政府储粮库，因此有些文物受到不同程度的破坏。1980年左右起，群众自发地出资维修了该寺。

“十二五”期间，该寺被列入国家重点文物保护维修工程项目，共投资2068万元，主要用于文物考察，文物建筑维修，壁画保护修复及消防、给排水、电气线路等配套工程和周边环境整治工程。

粉彩缠枝莲托八宝纹三足炉

查木钦墓葬群

地理位置：日喀则市拉孜县查木钦村境内

修建年代：8世纪

列入国家级重点文物保护单位的时间：2006年

海拔：4000余米

墓地分布

查木钦墓葬群雄踞于雅鲁藏布江北岸。该墓葬群主要由两处墓地组成。该村东面山脚下有100余座小墓葬，后山山脚有十余座大型墓葬，其周围亦有100余种小型墓葬。这些墓葬形状大致可归纳为两种：正方形和圆形。其结构为土木结构。规模最大的正方形墓葬长1000余米，高10余米，与琼结藏王墓基本一致。其前面两侧立有一对石狮。以往西藏发现的吐蕃墓葬中，唯独赤松德赞墓前有一只石狮，实属稀世珍宝。

墓葬来历

据藏文历史文献记载，有吐蕃最初墓葬出现于止贡赞普时期的说法。事实上，从西藏境内新石器时代遗址中发现的棺木等方面可以看出藏族先民很早就有土葬的丧葬方法。

根据松赞干布之前的墓葬形状为土堆似牦帐，随后流行方形的记载，可以推测查木钦墓葬群最晚也是平民暴动之前修建的。

查木钦墓葬群中的四五座大型墓的形状、规模，以及墓前石狮均符合吐蕃时期的墓葬特点。为此，查木钦墓葬群的墓主人很有可能是吐蕃豪族没庐家族出身的尚论没庐赤苏冉夏、没庐穷桑沃玛、大将军没庐赤松吉达那、没庐查木达琼瓦等。另外，没庐家族出身的没庐查木达琼瓦等人名字中“查木”或“查木达”一词与墓葬所处地名“查木”有一定的联系，有待进一步研究。

修缮情况

吐蕃王朝崩溃后，公元877年，吐蕃大臣许普氏、聂氏等人瓜分雅隆王族墓葬，掘墓取宝。几乎同时，其他非王室墓葬亦被盗掘，包括查木钦墓葬亦未能逃脱被盗的命运，多数墓葬的封土顶部下凹，周边残破不堪，皆为明显的被挖掘过的痕迹。

查木钦墓葬群作为后藏地区首次发现的墓葬群，对研究吐蕃时期后藏地区的历史、文化、艺术、民俗等方面极具重要价值。

“十二五”时期，被列入国家重点文物保护维修工程项目，共投资1409余万元，主要用于考古研究、夯土保护工程、墓地保护、保护设施及基础设施改善等。

汉式跏趺坐佛像

聂塘卓玛拉康

地理位置：拉萨市曲水县聂塘乡境内

修建年代：公元1055年

列入国家级重点文物保护单位的时间：2006年

教派：格鲁派

僧（尼）人数：30余名

创建者：噶哇释迦旺久

占地面积：2500平方米

建筑布局

阿底峡大师应仲敦巴尊者邀请前往卫藏传教弘法。在此居住了9年之余，直至圆寂。以噶哇释迦旺久为主的众弟子，为了纪念阿底峡大师而修建了该寺。最初的规模为两层楼房，主要有中央经堂（4根柱）、行宫、厨房、甘珠尔拉康及一层拉康等。极具古老建筑风格。随后修建了护法神拉康院及围墙。

文物

主要珍藏的文物有：主供佛响铜质佛祖像一尊（高度150厘米）、阿底峡随身供养的本尊度母像、大日如来像（高度116厘米）、仁钦迥乃像（高度96厘米）、无量光佛（高度116厘米）、顿玉珠巴塑像（高度124厘米）、不动佛（高度132厘米）、白度母像（高度145厘米）、弥勒圣像啊杂玛、阿底峡大师的细沙宝座、泥质阿底峡自塑像、泥塑无量寿佛（高度二层楼）、泥塑弥勒佛南杰灵塔（高度二层楼）、响铜质噶当灵塔（塔内供奉班禅那若巴骨灰、颅骨、贝叶经版《般若八千颂》）、21尊优质镀金度母（高度相当于普通人的身高）；此外还有金、响铜、铜、泥塑几百尊佛像，唐卡、法物、吐蕃时期的《般若经》写本、拉萨雪版《甘珠尔》、泥塑四大天王、八近侍、阿底峡与仲敦巴精美壁画等珍贵文物。

修缮情况

12世纪初叶以后，热译师多吉札、喇嘛索朗坚参、宗喀巴大师、历代达赖喇嘛、历代班禅喇嘛、隆多喇嘛等诸位高僧大德曾前来该寺加持发愿。并对被毁的残部进行了修缮。18世纪，颇罗鼐修造了21尊铜质度母。“文革”时期，该寺的绝大部分文物未遭到破坏而保留至今。

“十二五”期间，该寺被列入国家重点文物保护维修工程项目，共投资586万元，主要用于文物考察、文物建筑维修、壁画保护修复以及消防、给排水、电气线路等配套工程和周边环境整治工程。

卓玛拉康寺收藏的弥勒圣像啊杂玛

昌都类乌齐寺

查杰玛大殿

地理位置：昌都市类乌齐县，类乌齐村

修建年代：公元1277年

列入国家级重点文物保护单位的时间：2006年

教派：达隆噶举派

僧（尼）人数：890余名

创建者：达隆桑杰温

占地面积：34362平方米

建筑面积：3334平方米

建筑布局

查杰玛大殿是一历史悠久，系土木结构建筑。由第一世法台桑杰温始建于公元1276年，至第二世法台吾坚贡布时期（公元1326年）圆满竣工。查杰玛大殿造型独特，华丽宏伟，主体建筑高37余米。大殿为三层。殿内有巨型大柱180根。第三层墙体涂抹白色，第二层外墙涂抹红色，第一层外墙用红、白、黑三种颜色涂抹纹饰，故称为“查杰玛”，意即绚丽多彩。这些颜色的搭配与密乘生起次第修习法有关。殿顶有高耸的金顶，玲珑升腾，檐下刻有梵文兰扎体“六字真言”。金顶中央镀金铜质宝瓶与共命鸟用铁链相连。还有镀金铜质法轮、经幢。大殿宽广高耸，沉稳庄严，极具藏东古建筑风格与特点，具有很高的研究价值。

文 物

大殿内供奉一尊铜质桑杰亚齐佛像、格萨尔王的马鞍和宝剑、镀金铜造的八瓣莲花法轮、珍贵唐卡，还有镀金铜、响铜、泥土、红檀香、白檀香、珠宝等造的佛像几百尊。这些古老的唐卡和壁画具有浓厚的印度、克什米尔、尼泊尔等国和地区艺术风格，亦具有内地与西藏本土的艺术风格。另外，还珍藏着用红、白檀香雕刻制作的《大藏经》夹经板、梵文贝叶经等诸多珍贵文物。

修缮情况

1288年，达隆桑杰温大师招募尼泊尔和西藏本土工匠制作了一尊释迦牟尼镀金铜像并修缮佛塔。第四世法台曲杰热特那（仁钦久南）时期，亦修缮大殿。吉冲江白坚参活佛时期，铸造了诸多佛像，还撰写了多部论集。“十二五”期间，该寺被列入国家重点文物保护维修工程项目，国家投资1512万元，主要用于文物建筑维修及消防、给排水、电气线路等配套工程和周边环境整治工程。

古籍珍贵写本《甘珠尔》

甘丹彭措林寺

地理位置：日喀则市拉孜县彭措林乡境内

修建年代：公元1615年

列入国家级重点文物保护单位的时间：2006年

教派：早期为觉囊派，后改为格鲁派

僧（尼）人数：35名僧人

创建者：吉尊达热那特

占地面积：166余万平方米

建筑布局

最初，藏巴汗噶玛丹迥旺布出资修建了大经堂（二层），谢业拉康、法相拉康、海茹嘎拉康等30余座拉康。山上的建筑群是彭措林寺的一个重要组成部分。主要有吉尊达热那特灵塔殿（40根柱）及东、西宫殿等，规模较大。后因各种动荡被毁。

文 物

寺内主要供奉主尊佛觉沃朗堆玛像及觉格堆培杰、吉尊达热那特、珀东齐勒朗杰、胜乐金刚、时轮金刚等金、铜、响铜、泥塑佛像几百尊，还有《大藏经》、唐卡、释迦百行传壁画、法物等珍贵文物。

该寺南侧还有觉囊贡钦堆波哇西热坚参所建的觉囊万佛塔。

修缮情况

“文革”时期，该寺大经堂被用作彭措林乡储粮库。1985年起，群众自发出资维修了寺院。随后国家投入资金进行维修，形成了如今的规模。

“十二五”时期，该寺被列入国家重点文物保护维修工程项目中，共投资1004余万元，主要用于消防、给排水、电气线路等配套工程及周边环境整治工程。

松卡石塔

地理位置：山南地区扎囊县松卡镇雅鲁藏布江畔一座岩石山脚下

修建年代：8世纪

列入国家级重点文物保护单位的时间：2006年

创建者：藏尼石雕工匠

建筑布局

松卡石塔位于西藏山南地区扎囊县桑耶寺以西15公里的雅鲁藏布江北岸一座岩石山脚下。这里共由大小不同的5座石塔雕刻而成，均为整块巨石雕刻，具有独特的造型艺术。据说，这五座石塔是在今孟加拉国人、大师布迪萨达（希瓦措）寂护主持下，由尼泊尔工匠雕刻而成的。据《贤者喜宴》载：“尼泊尔石匠说：‘让我们看看吐蕃的石头能否凿刻呢？’便在岩石上刻了一只鹿。随后，阿阇梨又前往昂雪，并在松卡隘口修建了五座石塔。继之孟加拉大师布迪萨达前往赞普的王宫，并向赞普行礼。”这5座石塔造型体现了印度、尼泊尔和西藏本土雕刻艺术完美结合的吐蕃时期独特的艺术风格。迄今已有1200余年历史。

文物

这5座石塔中位于最西端的石塔最大，塔座为正方形，边长4.1米，塔瓶为圆形，直径2.5米，高度1.65米，塔刹高2.95米，刹顶上雕着日月。此处往东40米处，有最小的石塔，其塔座边长2.15米，高度3.6米。再往东200米处有第三座石塔，其形状、高度均与第二座石塔完全一致。再往东35处有一座石塔，其塔座为正方形，边长3.5米、高度4.9米，台阶为3层，高4.9米，塔瓶为圆形，直径2.3米，高度1米；塔刹高2.95米，刹顶修饰日月。

修缮情况

“文革”时期，石塔刹顶上的日月被毁，1985年左右，群众自发出资进行了维修，这5座石塔由一块巨石雕刻而成。在西藏境内实属罕见。这对研究吐蕃时期石刻艺术及建筑风格具有重要的文物价值。

康松桑卡林寺

地理位置：山南地区扎囊县桑耶寺西南处

修建年代：吐蕃时期

列入国家级重点文物保护单位的时间：2006年

创建者：吐蕃赞普赤松德赞王妃蔡崩氏美朵准

占地面积：4000余平方米

建筑布局

该寺由吐蕃赞普赤松德赞王妃蔡崩氏美朵准参照桑耶寺乌孜大殿式样修建，主殿坐东朝西，3层，高18米，系土木建筑结构，绿瓦屋顶。周围是两层楼的僧舍形成的大院，大院四面各设一门，西门为正门。西门宽2.2米，高2.3米，门内有面阔5间、进深3间的门廊。从建筑结构、布局看，确属吐蕃时期建筑风格。

文 物

寺内主供释迦牟尼佛、八大近侍、二力士、四尊大日如来像、护法神像等。转经廊墙面上有尼泊尔工匠绘制的坛城壁画，还有法物、唐卡等珍贵的文物。

修缮情况

该寺曾同桑耶寺一起进行了维修、改建。特别是热振摄政王时期，对该寺进行了较大规模的修缮。“文革”时期，绝大部分文物及转经廊壁画被毁。拉康用作储粮库及工人宿舍。1987年左右国家投入资金进行了维修。

金质酥油灯

邦纳寺

地理位置：那区地区索县色昌乡东巴秀村

修建年代：16世纪

列入国家级重点文物保护单位的时间：2006年

教派：塔波噶举派

僧（尼）人数：约108名

创建者：迦敦冲嘎玛丹迥

占地面积：1750余平方米

海拔：4172米

建筑布局

邦纳寺坐落于朵堆三十九族部落之一的洛乃赤朵县东巴村一座红岩山麓上。红岩山被松树和花草环绕，风景格外优美。山脚流淌着朵康四大河流之一澜沧江。16世纪，迦敦冲嘎玛丹迥在吐蕃时期修建的古寺遗址上修建而成。该寺坐北朝南，寺院占地面积500余平方米。主要建筑有经堂（二层，9根柱）、内殿（4根柱）、门廊（2

根柱），楼上有行宫、茶房、厨房、仓库、修行洞、护法神殿等。经堂四周及护法神殿内绘有精美的壁画。据辽宁省文物局专家鉴定，推断该寺至迟建于明朝。该寺院在研究藏东独特的传统建筑风格方面具有十分重要的价值。

文物

该寺内主要珍藏着主供佛大明宣德时期的四臂护法、旁查玛像、弥勒佛镀金像、师君三尊塑像，金、铜、响铜质佛像51尊，43幅唐卡，百尊静猛天众石雕像。还有诸多佛陀、菩萨、本尊、护法等石雕像，三尊佛塔。还珍藏着《十万般若经》《八千颂般若经》《千尊佛陀》《五部遗教》《谢扎玛遗教》《桑林玛遗教》《甘珠尔》刻版及高僧大德的论著等诸部珍贵经典。另外，经堂内的墙壁、梁柱上的精美壁画对研究16世纪嘎玛嘎赤派独特画风、艺术形象具有重要的实物资料价值。

修缮情况

早期由昌都边坝县加敦德登寺负责管理。据说，邦纳寺后面的扎西顶巴寺曾合并于邦纳寺。民主改革后，邦纳寺用作江木达区永巴乡政府活动室。后来又用作东巴秀村学校教室。故该寺整体建筑未遭受严重破坏。但因寺内墙壁上张贴报纸、凿开窗户等原因，部分壁画遭到毁坏。后来，该寺经堂、弥勒殿又用作生产队储粮库和草棚。1978年至1982年间，未能有效管理，室内梁柱被雨水腐烂，部分壁画被雨水冲刷，墙面开缝等，遭受严重破坏。1986年，僧尼和广大群众自发进行维修，更换了梁柱。1998年，自治区工作队出资2万元进行了维修。2001年，该寺被列为县级文物保护单位，2006年被国务院公布为全国重点文物保护单位，投资270余万元，2009年5月正式启动邦纳寺修缮工程。

响铜弥勒佛立像

第七批公布的全国重点文物保护单位

昌都强巴林寺庙

地理位置：昌都地区昌都县城关镇

修建年代：公元1437年

列入国家级重点文物保护单位的时间：2013年

教派：格鲁派

僧人数量：1000多人

创建者：麦喜绕桑布

占地面积：约20万平方米

建筑布局

昌都强巴林寺由大经堂、佛祖殿、护法神殿、大威德金刚殿、

供堂大殿、印经院、10个扎仓（即密乘、喜金刚、遍知、大轮、上乐、时轮、台前、比丘、经忏、法相院等）、5个拉让（即帕巴拉让、喜瓦拉让、甲热拉让、嘉日拉让、公朵拉让等）、辩经场、德央大场、上下度母殿等组成。均为藏式建筑风格，木石、土木藏式密梁结构。

文 物

寺内主要供有弥勒佛尊、宗喀巴三师弟、释迦佛、十六尊者、密集金刚、胜乐金刚、大威德金刚、坛城等金、铜、响铜和泥塑佛像上千尊；各僧院的本尊诸佛；历代帕巴拉活佛的灵塔，还有唐卡、古绸缎质法物、甘珠尔、丹珠尔以及诸多贤者的著作。特别是色彩鲜艳的佛本生传记的壁画汇聚了昌都地区三大画派的精华，被称为昌都文化艺术的宝库。

修缮情况

昌都强巴林寺在“文革”中曾遭到严重破坏。自1981年落实宗教政策后，国家拨款对寺院进行了维修。目前，整个寺庙保存状况良好。昌都强巴林寺是继拉萨三大寺后，在康区兴建的最早最大的格鲁派寺庙，是金瓶掣签确认活佛的寺庙,历代帕巴拉呼图克图受当时中央政府的册封，为促进西藏与祖国内地之间的政治、经济和文化交流，加强藏汉民族团结，维护祖国统一发挥了重要作用。在“十二五”文保项目中国家投资3178万元，对寺院文物进行了修复，为寺院配备了消防设施，疏通了下水管道，保证了用电。

银质鎏金食器

贡嘎曲德寺

地理位置：山南地区贡嘎县岗堆镇

修建年代：公元1446年

列入国家级重点文物保护单位的时间：公元2013年

教派：萨迦俄派

僧（尼）人数：28名僧人

创建者：多吉旦巴·贡嘎朗杰

占地面积：约1万平方米

建筑布局

贡嘎曲德寺根据印度的多吉丹坛城而建，建筑高二三层不等，建筑布局是在一个整体建筑平面中划分出中部为主殿，北部为贡桑孜，东部为仁钦岗，南部为贡堂，西部为哲蚌，周边还建有 4 个康村和一些附属小建筑。

文 物

该寺主尊佛为印度成就者伽亚达热头骨装藏的三层泥塑释迦牟尼像和八大弟子像。该寺还保存有大威德、胜乐、喜金刚，以及鎏金、响铜、泥塑等材质的数百尊佛像，还有《甘珠尔》《丹珠尔》、唐卡、绸缎法物等。大殿内满是采用矿物颜料所画的壁画，具有较明确的年代及很高的艺术价值。这幅壁画共分4个部分。第一部分在佛殿南壁，左右二侧为萨迦派高僧像，左侧为洛般索朗坚日、萨班贡噶宁波、结尊扎巴班钦、喇嘛当巴索朗坚赞；第二部分壁画为原经堂壁画，位于现在经堂，题材与原经堂壁画一致，绘有释迦牟尼传记，具有15世纪中期壁画的艺术特点。第三部分壁画在大殿三楼西侧，属钦则派创始人钦则钦姆亲自绘制的密宗壁画，年代为五世达赖喇嘛时期即17世纪中叶。

修缮情况

贡嘎曲德寺作为当时卫藏地区传播萨迦派密法的最主要场所，对研究当时萨迦政权时期的西藏社会有着很高的历史价值。其次，该寺内壁画具有比较明确的年代和浓厚的民族色彩，对研究西藏当时的壁画绘画艺术具有很高的资料价值。作为全国重点文物保护单位之一，在“十二五”的保护维修项目中，该寺得到国家拨款1182.6万元，用于维修文物建筑、壁画前期调查、试验、病害分析、调查、安全消防、给排水、电气线路等配套工程，并整治了周边的环境。

大威德金刚唐卡

吉隆帕巴拉康

地理位置：日喀则市吉隆县吉隆镇中部

修建年代：公元620年

列入国家级重点文物保护单位的时间：2013年

教派：早期为宁玛派，后为噶举派

僧（尼）人数：8名尼姑

创建者：尼泊尔赤尊公主

占地面积：约2975.7平方米

建筑布局

帕巴寺坐北朝南，占地面积约2975.7平方米，主要由院墙、主殿、僧舍、转经道等四部分组成。主殿位于整个院落的西北角，建筑似塔型楼阁，平面均呈矩形，底层东西长19.12米，南北宽23.12米，占地面积约450平方米，立面高4层，总高约18米，为石、木、砖混合结构。4层建筑屋面逐层收分，有楼梯可盘旋至顶。

文物

建筑内部墙面及外部墙面，多处绘有精美壁画，内容包括度母、护法神像、十六罗汉、历代高僧大德等，具有较高艺术价值。该拉康内的主供佛为“觉卧沃弟桑布”（观音菩萨）的相片，还供有莲花生大师镀金像、宗喀巴泥塑像、强巴佛（弥勒佛）、《甘珠尔》《丹珠尔》等珍贵文物。

修缮情况

“文革”时期，该拉康亦同其他寺院一样遭受严重破坏。改革开放之后，对该拉康进行了多次维修后，形成了今天的规模。

拉隆寺

地理位置：山南地区洛扎县扎日乡拉隆村

修建年代：1145年

列入国家级重点文物保护单位的时间：2013年

教派：早期为噶举派，后改为宁玛派

僧（尼）人数：12名僧人

创建者：吐蕃赞普赤热巴巾

占地面积：约1.37万平方米

海拔：4030米左右

建筑布局

该寺坐北朝南，主殿建于大院前部正中，平面呈方形，分为三层，建筑面积832平方米。主殿东北侧有不丹王室投资修建的静猛殿堂，专供不丹僧人做佛事。主殿前东侧有玛尼拉康。此处有座文成公主所愿弧形卡东庙。

文物

寺中主供有9世纪赞普赤热巴巾时期塑造的三世诸佛像、七佛像、大成就者白玛岭巴、年氏王者、玛瓦角、谷如却旺、隆钦饶绛之舍利等。还绘有年氏王者、谷如却旺、大圣白玛岭巴等业绩的早期壁画，供有各种圣物法器、唐卡，不同材质的佛像等。拉隆寺壁画中不仅有保存完好的早期勉塘派壁画，还保存了8、9世纪的佛教造像，对研究藏传佛教艺术有较高的价值。拉隆寺具有藏、汉、不丹三地建筑风格相互结合的特点。对研究藏南地区古建筑有重要的历史价值。

修缮情况

历史上拉隆拜吉多吉时，对寺院进行了维修和扩建。后来巴俄·祖拉陈瓦进行了维修并将教派改为噶举派。五世达赖喇嘛时期，改为宁玛派。“文革”时期，寺庙遭到破坏。自1985年开始进行了维修。

仲嘎曲德寺

地理位置：山南地区隆子县日当镇雪布夏村

修建年代：宋至明

列入国家级重点文物保护单位的时间：2013年

教派：格鲁派

僧（尼）人数：13名僧人

创建者：云旦罗珠坚参

占地面积：约2000平方米

海拔：约4070米

建筑布局

仲嘎曲德寺初为苯教小寺，至11世纪改为噶当派，15世纪又改为格鲁派，并与卡定寺一同形成当地东西两大格鲁派寺院。曲德寺现存的主体建筑为明代建筑，是石块砌筑而成的两层建筑。上层原有的拉康已改为僧舍及堆放物品的仓库，下层则由门廊、杜康大殿、站康（佛殿）、曲康、强康（弥勒佛殿）等单元构成。门廊坐北朝南，东西两侧各有一间小配室。杜康大殿由门廊北侧门道进入，面积约300平方米，中心有构成面积达6间的天井。大殿四壁残存部分壁画。曲康位于大殿西北角，殿内北壁设佛坛。强康位于大殿东北角，面积近13平方米。殿内北壁设佛坛，上供弥勒佛泥塑像一尊，足踏莲台之上。仲嘎曲德是隆子一带的著名寺院，寺内藏有早期壁画及部分佛教造像和一些明清时代的唐卡，其中以强康西墙壁画最为珍贵。此外寺院还存有大量吐蕃手写经书，这些文物对研究吐蕃时期佛教盛世情况具有很高的价值。

吐蕃时期所铸赞普像

达杰林寺

地理位置：山南地区乃东县亚堆乡曲德贡村

修建年代：清至民国

列入国家级重点文物保护单位的时间：2013年

教派：格鲁派

创建者：十三世达赖喇嘛土登嘉措

占地面积：约2000平方米

建筑布局

始建于11世纪，最初是大译师热罗瓦的住宅。至十三世达赖喇嘛（1876～1933年)时，曾进行过维修、扩建，形成了现在的规模。曲德贡寺建筑布局与曲德沃相似，只是规模较小，整个建筑东西全长131.8米，南北全长91米，外有一周坚厚的围墙。主体建筑为4层的大殿和两层高的僧舍，寺院东侧山坡上建有展佛台。大殿坐北朝南，第一层中部基本处于地面以下，内砌有很多平面式矩形的厚石墙，间隔起地道一般的一道道拐弯抹角的小巷，可承受巨大的压力；大殿的第二层是大经堂和供佛殿。第三层有三个佛堂及达赖喇嘛的住室，每年夏季十三世达赖喇嘛到这里念经。第四层系僧房之类。在大殿东边僧房比较特殊，前后两排壁画整齐，保存完好无损。达杰林寺是西藏南部保存完好的格鲁派寺院之一，第一层建筑中部的建筑方式对建筑物起到极好的保护作用，体现了藏族人民在建筑技术上的聪明才智。

文 物

主尊佛宗喀巴师徒三尊像，十三世达赖喇嘛鎏金像、三世佛和八大弟子，东边有泥塑的金刚佛和白度母长寿佛、五世达赖喇嘛的神医洛桑曲扎的塑像和灵塔，二十一度母像、千手千眼观世音像等珍贵佛像。寺内还珍藏有《甘珠尔》和《丹珠尔》经书及缎质的五世达赖喇嘛像等大量珍贵的历史文物及较丰富的壁画，每组壁画旁的藏文说明，尤其珍贵。

修缮情况

20世纪60年代中期，该寺文物遭到破坏，将其大殿用作粮食仓库。1982年左右，洛桑喇嘛开始修复该寺，其后国家也拨款维修了该寺。

其多山洞穴岩画点

地理位置：那曲地区班戈县德庆乡其多山

修建年代：新石器时代

列入国家级重点文物保护单位的时间：2013年

占地面积：其多山至北约6.9米

建筑布局

位于纳木错湖西北的其多山山脚东南方有甲乙丙三个洞穴，甲洞穴与乙洞穴相距约170米，乙洞穴与丙洞穴相距约80米。三个洞穴内的岩画内容主要为动物、人物、苯教内容的象征物、佛教符号、藏文字母以及猎户、牲畜、飞禽、舞者和祭祀等图案，这些图案是在光滑的岩石表面，采用矿物颜料褐红色和黑色绘制而成的。其多山洞穴岩画艺术，对于研究藏北历史、宗教流派的变更和发展、生态环境的变化等都具有重要的价值。

帕拉庄园

地理位置：日喀则市江孜县江热乡班觉伦布村

修建年代：1718~1955年

列入国家级重点文物保护单位的时间：2013年

占地面积：约5357平方米

建筑布局

帕拉原来是不丹一个部落的酋长，后迁居西藏江孜。“帕拉”是“帕觉拉康”的简称。帕拉家族成员曾担任过西藏地方政府仁希官（四品官）、基恰堪布、卓尼钦莫（为达赖喇嘛接待宾客、传递命令的大僧官）等职。帕拉家族是西藏十二大贵族之一。

帕拉庄园整体建筑由三层楼、院子、朗生（家奴）住所及附属建筑组成。共有82间房屋。庄园内有花草树木。主体宅楼内设有会客厅、佛堂、卧室、娱乐室、更衣室、库房、厨房等57间房屋。楼底有13间家奴住所，简陋不堪。

文 物

佛堂内供有金铜质佛像数尊、《大藏经》、唐卡、金银珠宝装饰等。还藏有绸缎服饰、古瓷器、裘皮服饰、靴子、帽子、进口酒、老照片等。

修缮情况

帕拉庄园是帕拉家族在江孜的江嘎庄园被毁后，于20世纪30年代由帕拉·扎西旺久开始重新修建的，于1955年建成。帕拉庄园是旧西藏贵族帕觉拉康家的庄园。帕觉拉康家地位是仅次于达赖喇嘛亚豁家族的四大第本家族之一。民主改革后，国家投入资金多次维修该庄园。2003年，国家投入巨资修缮庄园的整体建筑。通过泥塑还原西藏贵族与农奴形象，真实反映两个不同阶层的人的生活状况。该庄园是旧西藏社会的缩影，现已设为爱国主义教育基地。

冲赛康

地理位置：拉萨市城关区冲赛康居委会八廓北街8号

修建年代：公元1727年

列入国家级重点文物保护单位时间：2013年

占地面积：约1890平方米

建筑布局

冲赛康是一座具有非常浓郁藏式传统建筑特色的居民大院，距今有300多年的历史。“冲赛康”藏语意为“看到集市的房子”。现冲赛康仅存南侧的一排房间，东西长，南北短，外立面基本对称，为二楼一底土木石结构，坐北朝南。清朝设立驻藏大臣之职后，冲赛康便成了驻藏大臣傅清、拉布敦的办事衙门。1750年郡王久米朗杰事件发生在冲赛康。

文物

冲赛康大门廊道左右曾立有三块刻着汉文、满文两种文字的石块。室内展出驻藏大臣的服饰、蜡像、清朝皇帝诏书等文物。由于曾在这里发生大乱，导致局部建筑被毁。之后，上层建筑作为居民住宅，底层用作厨房，石碑被烟灰熏染。所藏文物受到破坏。

修缮情况

2012年，国家出资搬迁居民，进行修缮。现已成为观光景点和爱国主义教育基地。

五部陀罗尼坛城

邦达仓

地理位置：拉萨市城关区八廓街道绕赛居委会

修建年代：20世纪

列入国家级重点文物保护单位的时间：2013年

占地面积：约832平方米

建筑布局

邦达仓坐北朝南，由二层回廊庭院、主体建筑三层等组成。主体建筑为二楼一底藏式平顶土木石结构。邦达仓作为典型的藏式贵族建筑，对研究当时藏式贵族建筑形制、建筑技艺有着非常重要的参考价值。

修缮情况

邦达仓原为擦绒府邸，1912年遭到严重破坏，后由擦绒堆屯进行了修复，1936年将房产卖给了昌都邦达仓家族，成了邦达仓驻拉萨的宅院，1950年邦达仓将房产卖给了中央政府下属机构，和平解放后成了居民大院。

拉让宁巴

地理位置：拉萨市城关区八廓居委会八廓南街4号

修建年代：15世纪

列入国家级重点文物保护单位的时间：2013年

占地面积：约2400平方米

建筑布局

现存建筑为二楼一底藏式平顶土木石结构，坐北朝南。拉让宁巴（旧拉让之意）坐落于八廓街南面。主体楼房高两层，墙体上端为藏式柽柳女儿墙。1409年宗喀巴大师创设“拉萨传召法会”时，曾住在该宅院，并向广大僧人布施粥、食盐等物品。为此，拉让宁巴用作供品库房。后来青海等安多籍施主逐年增多，供养物品也逐渐增多，便决定“传召大法会”专用库房迁至大昭寺并取名为“拉让恰佐”（意为拉让库房）。从此，该宅院称为“拉让宁巴”（意为旧拉让）。18世纪，拉让宁巴成为贵族吞巴的府邸。

修缮情况

拉让宁巴历史久远，基本保持原貌，对研究拉萨老城区古建筑历史、传统藏式结构、艺术等具有较高的参考价值，同时该建筑内居住过藏传佛教高僧大德，具有一定的历史价值。民主改革后，“拉让宁巴”内居住拉萨市民。2012年国家投资对拉让宁巴进行了全面修缮。

银质点缀的长寿佛宝瓶

桑珠颇章

地理位置：拉萨市城关区白林居委会

修建年代：公元1642年

列入国家级重点文物保护单位的时间：2013年

占地面积：约2316平方米

建筑布局

现存建筑由主体建筑、庭院、附属建筑三部分组成，东、南、北三面为三层，西侧为二层。二层中间为庭院，东南两侧设回廊。建筑坐东朝西，房间大小不等。据传1642年专门为固始汗修建。1720年为七世达赖喇嘛父亲索朗达吉所有。1729年，雍正皇帝在北京接见了索朗达吉，并封其为公爵，山南地区的大片土地和桑珠颇章归其名下。索朗达吉去世后，乾隆皇帝册封七世达赖喇嘛之弟公格旦增为公爵，桑珠颇章家族即成为西藏四大家族之一。

修缮情况

1900年在原二层上加盖了第三层。桑珠颇章作为典型藏式贵族建筑，对研究当时藏式贵族建筑的形制、建筑技艺有着非常重要的参考价值。同时该建筑内曾居住过西藏的大贵族及七世达赖喇嘛，具有一定的历史价值。

合金鎏金佛塔

拉鲁嘎彩颇章

地理位置：拉萨市城关区拉鲁居委会

修建年代：17世纪

列入国家级重点文物保护单位时间：2013年

占地面积：约800平方米

建筑布局

拉鲁颇章坐北朝南，方向正南，二楼一底藏式平顶石木结构。底层落地窗东侧为宅院大门。平面格局基本对称，分别由一柱、二柱、四柱房间构成，二、三层中部设天井，三层仅北侧有东西并列的三个房间。拉鲁颇章作为典型藏式贵族建筑，对研究当时藏式贵族建筑的形制、建筑技艺有着非常重要的参考价值。

修缮情况

据藏族史料记载，吐蕃赞普芒松芒赞时期，拉鲁嘎彩开始成为人民最喜爱的游乐之地。17世纪末，六世达赖喇嘛仓央嘉措（1683～1706年）每年在处理政、教事务之余，亦前往该地休憩并在该地最大的池沼中央新建了一座三层楼亭，以作休暇之用。

1763年，八世达赖喇嘛降白嘉措坐床后，西藏地方政府在拉鲁嘎彩附近新建第八世达赖喇嘛的“亚谿”（达赖喇嘛本家之意），从此有了“拉鲁亚谿”之称。第八世达赖喇嘛降白嘉措本家父系后嗣已经断绝，母系家族中人丁稀少，故地方政府决定不再为十二世达赖喇嘛的父母、兄弟另封亚谿庄园和宅院，而令他们并入拉鲁家族。故拉鲁嘎彩成了两世达赖喇嘛的“亚谿”，其家族亦成为西藏显赫贵族。

镂雕狮子绣球鼻烟壶

拉萨门孜康

地理位置：拉萨市城关区大昭寺西边的丹杰林居委会

修建年代：1916年

列入国家级重点文物保护单位的时间：2013年

创建者：十三世达赖喇嘛土登嘉措

占地面积：768余平方米

建筑布局

拉萨门孜康（藏文意为藏医历算院）的主体建筑为具有藏族建筑风格的一座楼房。高两层，坐北朝南。东、西长51.97米，南、北宽14.78米。纯土木结构。主体建筑前方修建一座园子，用于种植药材。

文物

拉萨门孜康珍藏着藏族名医玉妥·云丹贡布和宿喀·娘尼多吉、宿喀·罗珠杰布等撰写的藏药配方秘诀手抄本，五世达赖喇嘛和第司桑杰嘉措所著藏医理论著作诸部、《四部医典》、勉塘派画家旦增罗布绘制的藏医解剖图唐卡80幅和解剖器具。还藏有历代藏族名医撰写的藏医、天文历算方面的论著木刻版等诸多珍贵文物。

该院是藏医药、天文历算、藏文文法、诗词学、梵文等学科的综合性学院。

修缮情况

1916年，十三世达赖喇嘛土登嘉措(1876～1933年)按照1696年第司桑结嘉措创办药王山藏医学院的先例，从各庄园和寺庙招收64名学员，进行藏医药技能教育，学成后，充当侍医、三大寺医生和前往东部安多、康区和蒙古行医的惯例，兴办了由侍医强巴土旺总管和钦绕罗布大师具体负责的门孜康，从各大寺院、农牧区招收年轻、聪明的学员进行藏医药、历算等教育。学员完成学业后，拿着毕业证，重新回到农牧区为广大农牧民看病就医，为继承和发展藏医药学起到了重要作用。拉萨门孜康对藏医药事业的发展做出了不可磨灭的功绩。1965年，自治区人民政府拨款23万元对其进行改建，这对西藏藏医药事业的传承和发展起到了巨大的推动作用。

17世纪勉塘派藏医唐卡

喜德寺

地理位置：拉萨市城关区措门林居委会

修建年代：9世纪

列入国家级重点文物保护单位的时间：2013年

教派：格鲁派

创建者：吐蕃赞普赤热巴巾

占地面积：约6200平方米

建筑布局

喜德寺坐北朝南，南北宽90.7米，东西长68米，寺庙主要建筑为一个近似方形的庭院，包括经堂、佛殿、僧舍、厨房、仓库等。主体建筑坐北朝南，居庭院北侧，东、南、西三侧原为僧舍的二层外廊式建筑，现为民居。寺庙大殿遗址位于院落北侧，为三层石木建筑，建筑平面呈凸字形，中间为大殿、佛殿布局十分严谨，除经堂、佛殿外主体还另有东、西两翼。现居民占用部分，政府计划组织搬迁，并加以维修保护。

修缮情况

喜德寺是热振活佛的驻锡地。据《七世达赖喇嘛格桑嘉措传》记载：喜德寺是吐蕃赞普赤热巴巾（804～836年）在大昭寺周围修建的6座拉康之一，至842年，吐蕃赞普朗达玛灭佛时寺庙遭到破坏。元代，在蔡巴万户长的支持下，喜德寺在原址基础上有所扩建，并确定了固定的供养制度。喜德寺初为宁玛派，于八世热振活佛时改为格鲁派，归属色拉寺的吉扎仓，并作为热振活佛的驻锡地。1855年，三世热振呼图克图对其进行扩建，并得名“喜德嘎贝桑丹林”。1862年，与哲蚌寺发生冲突时受到严重破坏。“文革”时也遭破坏，现仅存寺庙部分遗址。喜德寺建筑历史悠久，作为历代爱国爱教高僧热振呼图克图在拉萨的驻锡地，曾在历史上发挥过重要作用，其建筑本身亦具有很高的历史价值。

银质盛器

皮央和东嘎遗址

地理位置：阿里地区札达县东嘎乡东嘎村

修建年代：12世纪

列入国家级重点文物保护单位的时间：2013年

占地面积：约1万平方米

建筑布局

皮央遗址与东嘎遗址相邻，这两处遗址的三座石窟和地面建筑遗迹的年代一致，故统称为皮央和东嘎遗址，但是，当地百姓把这三座石窟俗称为“萨热或杂古”（藏语意为陶器），其主要原因是石窟附近能见到诸多陶瓷碎片。这三座石窟均修建于古格王朝时期，是古格王国辖下的一处大城堡。

皮央石窟遗址规模较大，整体布局结构严谨，工艺精细。其遗址的主体佛殿修建于群山中央，现已完全被毁，仅存断墙残壁。绘有壁画的五座佛殿中唯独贡康佛殿（护法神殿）内的壁画保存较好。其余四座佛殿的壁画已轻度损毁。

东嘎石窟遗址由绘有壁画的三座石窟和严重倒塌的石窟组成。这三座石窟的门朝南。这些壁画绘制于陡崖处砌筑的角楼墙壁上。这三座石窟按从东到西的顺序，分别命名为一号石窟、二号石窟、三号石窟。这三座石窟分别为强久僧巴（观世音菩萨）拉康、吉库（坛城）拉康、桑阿（密宗）拉康的遗迹。除这三座石窟外，其他石窟均未发现壁画。一号石窟和二号石窟内的壁画基本保存完好。三号石窟的壁画轻度损毁。一号石窟中央的两座佛塔石阶被毁。北侧的泥塑像被毁。遗址尚存洞窟的壁画制作精美，年代久远，具有较高的历史、艺术和科学价值。

文物

东嘎遗址的三座石窟内均绘有坛城壁画。强久僧巴拉康门楣上绘有一位手持经幡的妇女骑坐一只鹿的画面，这位妇女很有可能是当地域拉（地方神祇）。吉库拉康内有多吉坚参坛城等4层方形坛城。中央有20余座佛塔。室内绘有大象、马等双双对视的动物图案。桑阿拉康内西侧墙壁上的壁画整体损毁。另外还绘有国王和王妃戏耍的场景，强僧襄巴金巴、强僧列吉等头顶缠头巾、结跏趺坐于莲台的各种形象。石窟内两侧绘有两尊施主女神、四大天王、“杰斯那敦”（七政宝）、吉祥结等生动活泼的精美壁画。

修缮情况

该遗址在“十二五”的保护维修项目中得到国家拨款4300万元，进行了考古调查，编制保护规划，加固山体、洞窟，修建保护设施及基础设施等。

12世纪所绘阿底峡、仲敦巴师徒双尊唐卡

小恩达遗址

地理位置：昌都市昌都县小恩达乡小恩达村

修建年代：新石器时代（4000～5000）

列入国家级重点文物保护单位的时间：2013年

占地面积：约1万平方米

建筑布局

该遗址发现于1986年。当年，西藏自治区文物普查队对遗址进行了试掘。试掘面积60平方米。发现房屋遗址3座，灰坑1处，窑穴5处，出土了大量打制石器、磨制石器、细石器和陶片等。其中，发现的房屋基址面积约18～20平方米，屋内地面铺有厚3～5厘米的烧砖。

文 物

该遗址发现有兽骨、刮骨器、石斧、骨针等遗物。有的房基周围分布有明础，墙壁以木柱为骨，内外涂草拌泥而成木骨泥墙。出

土的打制石器87件，打制石器占全部石器总数的74.4%，包括石核、柱状石核、漏斗状石核、多面体石核等。细石器23件，磨制石器7件，骨器共19件，陶片259片。陶器纹饰以刻划纹和压印纹为主，附带堆积纹和锥刺纹。遗址内还发现石棺墓一座，土坑竖穴，四壁用天然的砾石叠砌而成长方形石棺。

修缮情况

小恩达遗址是藏东地区继卡若遗址之后发掘的第二处新石器时代遗址。小恩达石棺墓葬所代表的考古文化在西藏尚属首次发现，从其文化堆积看，分为早、晚两期，且有连贯性，遗址延续年代较久。小恩达遗址对于探讨西藏地区新石器时代和黄河流域等地的文化联系以及卡若文化的类型提供了珍贵材料，对深入探索西藏及四川西部、云南西北部、青海等地区石棺葬文化遗存提供了线索。作为全国重点文物保护单位之一，在“十二五”的保护维修项目中，国家拨款1200万元进行了考古调查、编制保护规划、实施保护工程、修建保护设施及基础设施和整治遗址区内周边环境。

扎木中心县委红楼

地理位置：林芝地区波密县机关大院内

修建年代：1953年

列入国家级重点文物保护单位的时间：2013年

占地面积：约1000平方米

建筑布局

扎木中心县委红楼位于波密县人民政府机关大院内，1953由中国人民解放军第十八军修建，因其外表为红色，故称为红楼。现存建筑为原有三座建筑中最大的一座，共有房屋25间。1953年，为解决康藏公路管理局办公用房和住宿之需，修建了三栋木质结构的仿苏俄建筑楼房。1957年，中央决定六年内西藏不实行民主改革，机构收编后，扎木中心县委和昌都解放委员会波密第二办事处在红楼进行办公、住宿。1959年1月4日，著名的扎木保卫战打响时，红楼便成为这场战役的指挥中心。

文 物

红楼坐西北朝东南，长38.4米，宽13.4米，平面为凹字形，为两层石木结构，仿苏式建筑。墙体下部由石块垒砌而成，高1.4米，墙体上部为木质墙体，墙体呈红色。建筑物内侧主体墙体为石块垒砌，其余隔间墙体为木质墙板。屋顶为平面木质。

修缮情况

作为全国重点文物保护单位之一，在“十二五”的保护维修项目中，国家拨款565万元，对扎木中心县委红楼进行了修缮。

青白玉云风八卦纹竹节足爵

中央人民政府驻藏代表办公处旧址

地理位置：拉萨市城关区巴尔库区党校院内

修建年代：1965年

列入国家级重点文物保护单位的时间：2013年

占地面积：约2000平方米

建筑布局

由中央人民政府驻藏代表楼、将军楼、工委会议室和工委办公院组成。1965年西藏自治区成立，张经武以中央代表团副团长的身份回到西藏，并住在“中央人民政府驻藏代表楼”里，当时称为2号楼。西边将军楼为1号楼，是为谭冠三办公居住所建，驻藏代表楼东侧的建筑为工委会议室。往东的4—7号院为工委办公院，为当时工委副书记苗丕一、周仁山、王其梅、郭锡兰等的住所。中央人民政府驻藏代表办公处旧址是西藏自治区成立的见证，具有重要的历史价值。

修缮情况

在“十二五”的保护维修项目中，国家拨款310万元对办公处进行了全面修缮。

绿地粉彩莲托八宝纹兽耳尊

芒康盐井古盐田

地理位置：昌都地区芒康县纳西乡南面500米处

修建年代：7世纪

列入国家级重点文物保护单位的时间：2013年

占地面积：约35万平方米

建筑布局

盐井分布于澜沧江边山坡间，南北长445米，东西最宽处约95米，最多至13层，距江边约95米，盐井约两千口，私有卤水池（盐田）526个。据历史记载，早在唐朝，这里就开始晒盐，目前原始晒盐场地基本完整，制盐工艺已列入第二批国家级物质文化遗产。

文物

西藏芒康县盐井的制盐工艺有别于云南、四川的煎煮法，而类似于沿海地区的日晒法。盐田是用多个圆柱作为支撑，成网状排列，柱子的间距约1米，圆木柱的高度则因山势和地形从1米到5～6米不等，被支撑面有二层，一层用圆木密集排列，第二层铺上木板，用黄泥或红泥夯实抹平，泥层约厚10厘米，四壁稍高，约高出13～18厘米，形成一个长方形浅槽。每个盐田的面积约在6—10平方米，面积再大了，圆木就难以支撑。盐井数每年都有变化。芒康自古就是西藏的东南大门，是“茶马古道”在西藏境内的第一站，芒康盐井古盐田原始、独特的建筑技艺和晒盐技术，不仅具有重要的历史、艺术、科学价值，而且对于研究相关历史文化也具有特殊的历史价值。

修缮情况

在“十二五”保护维修项目中，国家拨款3049万元，对遗址进行了编制保护规划，并用于维修盐井、盐田，基础设施建设等。

参考书目

1.西藏自治区文管会编《西藏自治区文物志》，西藏人民出版社，1993年5月第一版。

2.巴俄·祖拉陈瓦著《智者喜宴》，民族出版社，1986年6月第一版。

3.五世达赖喇嘛著《西藏王臣记》，民族出版社，1980年11月第二次印刷。

4.廓·循努白著《青史》。

5.贡塘·旦增罗布著《芒域贡塘文化史》，西藏人民出版社，2012年12月第一版。

6.第司桑结嘉措著《格鲁派教派史——黄琉璃宝鉴》，中国藏学出版社，1989年11月第一版。

7.古格·次仁加布著《阿里文明史》，西藏人民出版社，2006年12月第一版。

8.西藏自治区政协文史资料委员会编《西藏文史资料选辑》，民族出版社，1990年4月第一版。